뭐라,
내한테서
찔레꽃
냄새가
난다꼬

이지누가 만난 이 땅의 토박이, 문상의 옹
뭐라, 내한테서 찔레꽃 냄새가 난다꼬

처음 펴낸 날 | 2008년 11월 7일

지은이 | 이지누

펴낸이 | 홍현숙
책임편집 | 조인숙
편집 | 조인숙, 박지웅

펴낸곳 | 도서출판 호미
출판등록 | 1997년 6월 13일 (제1-1454호)
주소 | 서울시 마포구 서교동 339-4 가나빌딩 3층
편집부 | 02-332-5084
영업부 | 02-322-1845
팩스 | 02-322-1846
전자우편 | homipub@hanmail.net

표지 디자인 | 최만수

필름출력 | 문형사
인쇄 | 대정인쇄
제본 | 성문제책

ISBN 978-89-88526-80-4 03810
값 | 10,000원

ⓒ이지누, 2008

(호미) 생명을 섬깁니다. 마음밭을 일굽니다.

이지누가 만난 이 땅의 토박이, 성주 문상의 옹

> 뭐라,
> 내한테서
> 찔레꽃
> 냄새가
> 난다꼬

이지누 글, 사진

권하는 글

두 남자의 지극한 연애담

공선옥 | 소설가

　제목을 '두 남자의 지극한 연애담'이라고 해 놓고 보니, 혹자는 어떤 동성애자 커플의 연애담으로 오해할 수도 있겠다. 그러든지 말든지, 나는 우선 '사진도 찍고 글도 쓰는' 이지누라는 사내가 경북 성주 수륜면 작은동 마을에서 농사를 지으며 살던 '문상의 옹'을 만나 온 이야기를 '연애'가 아닌 다른 코드로는 말할 수가 없을 것 같다. 그것도 보통 연애가 아닌 '지극한 연애'의 이야기로 말이다.

　연애란 무엇인가. 말 그대로 연을 맺어 사랑하는 것. 세상 사람들은 세상과 연애를 하지 않으면 단 한 순간도 견디기 어려울 터다. 아무리 세상이 밉네밉네 해도 그래도 어디 한 군데 귀애할 부분이 있게 마련. 사람들이 필설로는 다 못할 험한 꼴을 숱하게 보고 겪고 하면서도 또 그래도 살아갈 근거를 어떡하든 찾아 내고야 마는 것은 바로 다 그놈의 사랑 때문이 아니고 무엇일꼬. 내 오늘 당장이라도 밥숟가락 놓아 버리자고 맘먹었다가도 그놈의 사랑 때문에 우린 내가 언제 그랬냐는 듯이 슬그머니 밥숟가락 다시 들게 되던 것이었으니. 그렇게 밥숟가락 다시 들게 하는 사랑이란 그러나 그리 많이도 그리 두텁게도 필요한 것이 아니다. 말 그대로 '일말의 사랑'만 있어도 미련이 생기는 법. 여차하면 밥숟가락 놓아 버리려고 했던 사람도 그놈의 실오라기 만한 사랑 때문에 세상에 대한 미련을 접지 못한다. 그런 것을 보면 '징그러운 놈의 사랑'이라 해도 할 말이 없게 생겼다. 사랑, 그것이 뭣이라고, 사람들은 오늘도 이 속없기로 치면 빈 박속 같은 세상을 걸머지고 사랑을 위해, 사랑을 찾아, 무거운 몸을 밀고 어디론가로들 가고 있는 것이냐.

사람을 꼼짝 못하게 하는, 징그럽게 힘이 센 그놈의 사랑 때문에 이지누는 틈만 나면, 그것도 시도 때도 없이 경상도 산골에 숨겨 둔 '지 애인' 집으로 달려가더라니. 그것이 영락없는 바람난 사내들이 하는 짓이 아니고 무엇이랴. 내일 일은 나 몰라라 하구서 애인 집으로 내빼는 본새가 말이다.

열렬하기는 이지누 못지않은 데다가 또 열렬한 그 마음 숨기는 데도 이지누 못지않게 고단수인 이지누의 애인과 이지누의 대화를 잠시 엿들어 보자.

"이기 누꼬. 인자 오는 길이가. 언제, 밤에 왔다나?"
"예."
"집은 다 편체? 어른들도 다 편안하시고?"
"예."
"하모 그래야지."

그리고 이 단순한 첫인사는 두 사람이 만날 때마다 반복된다. 사랑하지 않으면, 애인 사이가 아니면 짜증도 날 법하게 똑같은 내용의 이 단순한 대화를 그러나 나중에는 두 사람 다 은근히 즐기고 있다는 것을 나 또한 나중에사 깨달았다. 기실 두 사람이 연애를 했었다는 사실 또한 이지누의 이 '고

'백담'을 다 읽고 났을 때였으니, 산골 할아버지 애인한테 단단히 바람이 난 이지누나 나나 눈치없고 속없기는 거기서 거기였던 셈이다. 하기사 사랑에 빠져드는 인간들치고 눈치없고 속없는 사람 아닌 사람 없더라니. 챙길 것 다 챙기고서 어느 세월에 사랑을 하고 연애를 한단 말인가.

그런데, 이지누가 산골 애인에게 빠졌다면, 그래서 외로울 때나 슬플 때나 기쁠 때나, 밤이건 아침이건 새벽이건, '태평양을 건너 대서양을 건너 무조건 달려가듯이' 달려갔던 그 애인, 문상의 옹의 일생은 어떤 것이었을까.

그로 말하자면 '삶'과 '징하게' 연애하고 갔다는 것을 눈치없는 나도 이미 눈치챘던 것은 그만큼 그가, 문상의라는 한 사나이가 그의 삶과 그의 삶의 조건인 자연과 노골적인 연애를 했기에 가능했던 것이 아닐는지.

문옹이 생뚱같은 그의 애인 이지누라는 자가 어디서 뭔 짓을 하다가 왔는지는 몰라도 문득 들어설 때마다 건넸던 인사, '언제 왔다나, 집은 다 핀체, 하모 그래야지'를 반복했던 것처럼, 그러나 들으면 들을수록, 반복되면 반복될수록 더욱 새로워지는 그 인사처럼, 그의 일생 또한 하루도 변함없이, 일 년도 변함없이, 십 년도, 삼십 년도, 그리하여 백 년을 변함없이 해뜨면 일어나고 해 있는 동안 일하고 해지면 자는 반복을 거듭했던 것이다. 그러나 그 반복이란 또한 반복을 해도 해도 늘 새로운 것이었으니, 그것이 바로 그 삶과 그 삶이 놓인 조건인 자연에 대한 지극한 '연애 감정' 없이 어찌 가능할 수 있었을 것이냐. 가령 이런 풍경을 보라.

"……멈칫 발길을 멈춘 그이가 두리번두리번 무얼 찾는가 싶더니 알아듣지 못할 혼잣말을 내놓곤 다시 움직입니다. 그이가 멈추었던 자리에서 저 또한 두리번거려 보지만 그이가 무엇을 찾고 또 보았는지 도무지 오리무중입니다……."

과연 우리의 문웅은 가고 있던 길이나 부지런히 가실 일이지 이제 한창 새잎에 물이 오르고 새꽃들이 입술을 벌리는(그러나 그 잎, 그 꽃들이란 또 기실 작년에도 똑같은 자리에서 똑같은 자태로 움터 오르고 피어났을 그 잎, 그 꽃들이기 십상일 터. 적어도 그 잎, 그 꽃에 지극한 애정의 눈을 보내지 않는다면) 오월 들판의 논두렁에서 무얼 찾고 있었더란 말인가.

그것은, 그러니까, '빠알간 꽃' 한 송이였던 것이다. 눈치없고 속없는 젊은 애인이 당신을 따라 또 내력 없이 두리번거리고 있으니, 우리의 문웅이 묻는다.

"와, 뭐 있더나? 작년에는 거게 빠알간 꽃이 폈는데, 올게는 안즉 나올 때가 안 됐나. 이파리도 안 보이고 꽃도 보이도 안 하네 고마. 보이나? 안 보이제?"

물론, 젊은 애인의 눈에 '빠알간 꽃'이 보일 리가 없다. 아, 빠알간 꽃. 이쯤에서 이 기이하고도 가슴 졸이는 '연애담'을 읽는 독자들의 가슴에도 등불처럼 '빠알간 꽃' 한 송이쯤 피어날 법도 하다. 그 '빠알간 꽃' 한 송이 보려고 문웅은 지난 겨울 흰눈 난분분 날리는 창 밖을 무연히 바라보며 봄을 기다렸을지도 모를 일이다(봄 되면 여름을 기다리고 여름 되면 가을을 기다리고 가을 되면 겨울을 기다리고 그리고 겨울 되면 봄을 기다렸던 것이다,

애인 기다리듯이). "올게도 또 그 논두렁에 '빠알간 꽃'이 필라나 우짤라나" 하면서. 어느 날 문득, 오밤중에 읽던 책을 펼쳐 둔 채로 쓰던 글을 밀쳐 둔 채로 마시던 술잔을 놓아 둔 채로 밤을 도와 신새벽에 그 곳 애인이 사는 고을의 읍에 당도하여 경찰서 구내 식당에서 해장을 하고 밤이슬 흠뻑 뒤집어쓰고서 애인의 집을 허위허위 찾아들어 간 이지누에게 바로 그 시절, 그를 만나던 시절, 바로 그가, 백살의 그 애인이 '빠알간 꽃'이었을는지도 모를 일이다. 그거 하나 보려고 이지누는 기를 쓰고 또 신새벽의 안개 속을 달려갔던 것인지도.

이지누 애인, 문상의 옹의 일생은 아름답다는 말로는 다하지 못하게 아름답다. 그가 아름답다는 것을 보아 낼 줄 아는 이지누 또한 아름답다. 세상의 모든 아름다운 것은 순정한 것이다. 세상의 모든 순정한 것들은 호들갑스럽지도 무뚝뚝하지도 않다. 순정한 것은 담백하다. 나는 널 붙잡고 싶은데, 억지로 붙잡지는 않겠다. 그러나 나는 너와 '오늘 밤 함께 있고' 싶다는 마음을 담은 이런 문답은 또 어떤가.

"자고 가나? 올 가야 되나?"
"오늘 갈랍니다."
"와, 자고 가지. 벌써 저녁답인데······."
"아입니더······."
"그래······. 가야 되마 가야지······."

'그래……. 가야 되마 가야지…….' 웬만큼 독하지 않고서는 어찌 이런 '순정' 앞에 무릎 꿇지 않을 수 있으랴. 그러나 무정한 젊은 애인은 기어코 가고야 만다. 가면서, 하염없이 마음은 뒤에 둔 애인에게로 가고 있으니……. 어느 한밤에 어느 시골길에서 흡사 달팽이 기어가는 속도로 가고 있는 자동차를 본다면 그것이 바로 '애인을 두고 가기 싫은 길을 가고 있는' 이지누의 차인 줄 아시라.

청춘 남녀의 불 같은 연애담도 아니고 중년 남녀의 불륜담도 아닌, 그러나 '기막힌 연애담'인 것은 틀림없는 이 '빨간 꽃' 같은 글이 나에게도 당신에게도 '인생의 빨간 등불' 하나씩 켜는 데 한 도구가 될 것임을 나는 믿는다.
이지누라는 사내는 가슴에 엄청난 화력의 '불씨'를 숨기고 있음에 틀림없다. 그를 직접 만나지 않고라도, 한번만이라도 그의 글을 읽고 그의 사진을 보는 것만으로 이토록 가슴이 뜨거워지는 이유가 바로 그가 '불을 가지고 있는 사내'라는 사실에 있다.
가슴에 불을 가진 사내의 불꽃 같은 연애담이 그러나 또 얼마나 '찔레꽃 향기'처럼 은은할 수 있는지. 이 '글과 사진' 책은 그러니까 바로 그 불 같은 연애담의 최고의 순수 결정체라 할 만하다 할 것이다.

지은이 머리말
봐라, 사람은 선물이다!

언제나 그랬던 것 같다. 내 앞을 가로막고 서 있는 견고한 성城은 맨손으로 기어오르기 힘겨웠으며 그 앞으로 다가서기조차 두려운 존재였다. 그렇다고 해서 그 안으로 들어가기 위해 도구를 사용하거나 요령을 피울 수도 없었다. 설사 성벽이 가시를 돋우고 있어도 나는 무방비의 맨손이어야 했으며 함부로 사다리를 걸치고 수월하게 오를 수도 없었다. 더러는 뜻하지 않은 환대를 하며 성문을 열어 반기는 곳도 있었다. 하지만 대개는 그렇지 않았으며, 굳게 닫힌 성문을 두드리기보다는 성벽을 오르는 수고를 감내하는 우직한 성의를 보여야만 겨우 성가퀴에라도 오를 수 있었.

기어코 오른 그 성가퀴에서 물 한 모금 얻어 마시거나 몸을 뉠 수 있으면 다행이지만 손사랫짓 끝에 내침을 당하기 일쑤였다. 그토록 힘겹게 오른 성벽에서 곤두박질치며 허망하게 떨어지기도 여러 번이었다. 그래도 그 일을 멈추지 않았다. 상처가 아물 무렵이면 어느 새 또다른 성에 다다라 문을 두드리거나 성벽을 어떻게 올라야 할까를 궁리하고 있었으니, 그 성은 다름 아닌 사람이었다. 사람이란 누구랄 것 없이 개개인이 모두 저마다 하나의 성이며 그 성은 이 세상에 존재하는 그 어떤 성보다도 견고하며 높았다.

이윽고 나를 맞아 준 성주城主의 성가퀴에서 마당으로 내려가 그 성을 구경하는 데 필요한 것은 시간이었다. 성주가 한 생을 통해 일구어 놓은 정신적, 육체적 산물을 둘러보는데, 불쑥 만나고 돌아서서 마치 전부를 본 양하는 것은 차마 못할 일이었다. 이 책의 주인공인 문상의 옹은 1999년 가을부터 2002년 여름까지 만났다. 다행히 당신의 성은 스스로에게는 견고하되 타인에게는 너그러웠기에 짧지도 길지도 않은 그 세월 동안 무시로 드나들 수 있었다.

문옹은 흔히 말하는 배운 것 없고 가진 것 없이 이 땅의 삶을 살아간 전형적인 산골 촌부이다. 세상의 중심은 언감생심이고, 어쩌면 슬픈 경계인境界人조차 되어 보지 못한 채 우물쭈물 살아왔을 수도 있는 존재이다. 당신이 살았던 작은동鵲隱洞은 2008년 현재까지도 하루에 고작 네 번 버스가 드나든다. 그 길조차도 드문드문 포장이 되었을 뿐 거개가 비포장이다. 개티고개를 통해 뒤가 뚫려 있기는 하지만 그 곳을 넘어가 봐야 작은동과 별반 다르지 않으니, 작은동은 타지와의 문화, 경제 교류가 이루어지지 않는 것은 물론이려니와 스스로도 시장 경제를 일구지 못하는 한계 지역marginal area에 가까운 곳이다.

이는 고립과 소외를 뜻한다. 문옹은 그 곳에서 백여 년을 살았다. 장날이면 읍에 나가기도 하고 젊었을 적에는 대구까지 약재를 팔러 다녔다. 추풍령을 넘어 서울로도 다녔다지만 추풍령을 넘은 경험은 그리 많지 않다고 했다. 대구와 성주는 이웃한 곳이어서 같은 문화권에 속한 지역이니, 문옹은 결국 다른 지역의 문화를 만날 기회가 거의 없었다. 작은동 한 곳에서 대를 이어서 산 것은 물론이려니와 자신의 당대에만도 백여 년을 살면서 태어난 곳을 떠나지 않고 자리를 지켰다는 것은, 문옹이 그 곳의 문화적 양태를 고스란히 지니고 있음을 뜻한다.

그러니까 문옹은 그 곳 본토박이이다. 사실 그것이 문옹을 찾아가게 한 결정적 요인이었다. 의식주는 말할 것도 없고 언어 습관까지 고스란히 지니고 있을 터였기 때문이다. 처음 만났을 당시 문옹은 아흔여섯 나이에도 논농사뿐 아니라 밭농사까지도 직접 짓고 있었기에 더욱 많은 것을 눈으로 확인할 수 있지 않을까 싶었지만 그것은 치기어린 생각이었다. 급격하게 변화하는 사회 구조는 이미 작은동까지 파고들어 기존의 질서를 많이 무너뜨린 뒤였던 것이다. 작은동으로 오가는 버스는 비록 하루 네 번밖에 드나들지 않지만, 자가용의 범람으로 외지 사람들의 출입이 잦아진 까닭이다.

작은동 사람들은 여전히 외지로 나갈 기회가 드물지만 외지 사람들이 작은동에 드나들기 시작했다. 예전 같으면 꿈도 꾸지 못했을 반찬이나 부식을 잔뜩 실은 트럭이 드나들다 보니 그들이 고스란히 지켜 오던 음식 문화의 근간이 흔들릴 수밖에 없었다. 예전에는 두부가 먹고 싶으면 직접 만들어 먹어야 했지만 이제는 그 수고를 감당하기보다는 트럭이 오는 시간을 기다리게 되었다. 어디 그뿐인가. 옷을 실은 트럭도 무시로 드나들고, 장날에 버스를 타고 읍에 나가면 지천으로 널려 있는 옷가지며 이불이 의생활까지도 바꾸었다. 집을 고칠 때도 마찬가지이다. 허물어진 흙집을 손볼라손 치면 읍내 건재상이나 철물점의 작은 트럭들이 벽돌과 블록 그리고 시멘트 같은 건축 자재를 싣고 뻔질나게 드나들었다. 결국 의식주가 모두 다 변하고 만 것이다.

그렇다고 해서 문옹이 본토박이로서 지녀야 할 모든 것을 잃어버린 것은 아니었다. 유형有形은 그렇게 허물어졌지만 그가 지닌 무형無形의 것들은 고스란히 남아 있었다. 그것은 문옹의 나이와 비례하는 것 같았다. 1903년 생인 문옹이 정신적인 성숙을 마쳤을 무렵은 길게 잡아 청년기인 1930년대 초반이었을 것이다. 그 무렵 경성을 비롯한 도회지에서는 개화의 열풍이 불었지만 가야산 자락의 작은동에까지는 그 기운이 미치지 못했다. 한참 뒤에 경제개발 5개년 계획과 새마을운동이 정점을 이루던 1960년대, 1970년대에는 새마을운동의 일환으로 농촌도 초가지붕을 슬레이트 지붕으로 바꾸고 농사도 기계화되는 등 급격한 변화를 겪었지만, 그 때는 이미 문옹이 장년기에 접어든 때라서 그런 변화를 민감하게 받아들이지 않았을 것이다. 또 1990년대 이후로 지금까지 다양한 방송 매체와 인쇄 매체들이 선진화와 화려함을 앞세우며 도시 사람들의 혼을 쏙 빼놓고, 나아가 난시청 지역을 해소하는 고성능 위성 안테나까지 등장하여 시골 구석구석까지 장악했지만 이 때는 이미 문옹이 노년기에 접어들어 매체의 발전에 따른 영향을 별반 받지 않았을 터이다.

덕분에 문옹은 근대화와 현대화의 역동적인 변화의 시대를 거쳐 왔어도 경상북도 성주 지방 산골의 언어를 고스란히 간직하고 있었고, 열다섯 살 때부터 시작한 농사일에 대한 자신만의 방법을 버리지 않고 있었다. 문옹에게는 농사가 삶의 전부이니 그것은 스스로의 삶에 대한 고집이기도 했다. 서당은 물론이려니와 제도 교육의 문턱에도 가 보지 않았지만 팔십 년이 넘도록 반복해 온 경험에 따라 터득한 그것은 문옹만이 지닐 수 있는 것이다.

그 생각과 방법에 따라 한 생을 일구어 온 것을 짧게나마 들여다볼 수 있었던 것은 나에겐 참으로 소중하고 큰 경험이었다. 진리라는 것은 지식으로

만 찾을 수 있는 것이 아니며, 지식이 없다고 해서 진리의 근원에 다다르지 못할 법도 없음을, 꿩 새끼마냥 문옹을 뒤따라 논틀밭틀을 걸으며 배웠다. 나는 삶에서 구하고 따라야 할 진리란 지식에서 나오는 것이 아니라 삶에서 일구어 온 지혜로써 다다를 수 있다고 믿는 편이다. 또한 지식이란 사람을 오만하게 만들 수 있지만 지혜는 더욱 너그럽고 현명하게 만들 따름이라는 것도 믿는다.

문옹이 그랬다. 그이의 생각은 불가佛家의 선사들보다 오히려 간결했으며, 말은 함축적이었다. 더불어 그이의 행동은 백 마디 말보다도 웅숭깊은 몸짓이었다. 지식이 수직적 관점을 지닌 높이라면, 지혜는 수평적 관점으로서의 넓이를 말하는 것일 터이다. 개개인에 따라 추구하는 것이 다르겠지만 나에게 소중한 것은 뾰족한 첨탑과 같은 높이가 아니라 끝없이 펼쳐진 대지와 같은 넓이이다. 문옹이 비록 높이를 지니지 못했을지라도 문옹이 지닌 넓이와 깊이는 가늠하기 쉽지 않았다. 그것을 제도 교육을 받지 못한 촌부가 자연과 더불어 살아가며 터득했을 뿐인 하찮은 것이라고 폄하하는 이들도 있을는지 모르겠다. 그러나 단언하건대 그것은 오직 문옹만이 지니고 있는 귀하고 아름다운 것이다.

진리란 멀리 있는 것이 아니다. 늘 곁에 있지만 미처 그것을 알아보지 못할 뿐이다. 문옹은 자연에 순응하고 살면서 도처에 널린 진리를 깨닫고 있었다. 다만 문옹은 이미 진리를 깨닫고 행동으로 옮기고 있었지만 그것이 진리임을 의식하지 못한 것뿐이다. 우리가 그토록 구하려고 하는 진리가 그이에게는 오히려 일상의 소소한 편린이었던 것이다. 비록 문옹이 살아 낸 백여 년의 세월이, 마당 가녘에 뒹굴고 있는 몽당 빗자루나 찬물에 말아 놓은 식은 밥과 간장 종지 하나만 덜렁 놓인 구족반狗足盤마냥 옹색하고 초라해 보일지라도 그것은 겉모습일 뿐이다. 문옹의 속은 그이가 나에게 준 호박 두 통만큼이나 실하게 차 있었고, 툭하면 뜯어 주던 돌미나리의 향기보다 더 진한 향기를 풍기고 있었다.

내가 뒤늦게 깨달은 것은 본디 사람이란 존재 자체로서 다른 사람에게 선물 아닌 이가 없다는 것이다. 그것도 크기가 한 치의 오차도 없는 똑같은 선물이다. 그러나 그 크기가 조금씩 달라지는 까닭은 그 선물을 받는 사람에게 달려 있을 뿐이다. 이제는 고인이 되어 버린 문옹은 나에게 어떤 선물이었을까. 분에 넘치는 것은 물론이거니와 그이의 형체는 손에 잡힐 무엇이 아니라는 말로 대신하고 싶다. 그이의 모든 움직임과 생각 그리고 말은 미력한 나를 은근하게 감싸고 있으니 어찌 크기나 넓이를 가늠할 수 있겠는가. 그저 이생에서 나에게 당신의 귀한 인연 한 쪽이나마 나눠 준 것에 대해 무릎 꿇고 머리 숙여 감사할 뿐이다.

더불어 문옹과 나의 관계를 무뚝뚝한 경상도 사나이들의 연애담으로 유쾌하게 풀어 주신 공선옥 형, 호된 고생을 거듭하면서 암실 작업을 도와 준 김준호 군, 까탈진 나의 변덕을 웃음으로 받으며 이 책을 편집해 주신 조인숙 님에게 특별히 고마운 마음을 전한다.

2008 생량머리, 이지누

차례

006 **권하는 글** 두 남자의 지극한 연애담 _ 공선옥
012 **지은이 머리말** 봐라, 사람은 선물이다!

021 **1 글로 하는 이바구**

022 "내가 담배 끊은 지 칠십오 년이라"
030 "집은 다 편체, 어른들도 다 편안하시고……"
035 "이거, 가다마이 아이가"
048 "올은 디네, 날도 따갑고……"
054 "저것도 배고프마 지 묵고 자븐 것도 무야지"
058 "뭐라카노, 손이 젤이라. 손발 멀끔한데 와 기계로 하노"
062 "니도 욕봤는데 새경은 주꾸마"
068 "봐라, 이거 이뿌제"

073 "그래……"
076 "이기 내 집 아이가. 죽으마 갈 집이라"
081 "여서 대구까정 안 걸어 갔다나"
090 "올은 뭐 하십니꺼"
097 "꽃아, 꽃아 설워 마라"
102 "뭐라, 내한테서 찔레꽃 냄새가 난다꼬"
110 "그거 쓴 사램이 누군지 몰라도 지대로 된 사램이네"
118 "안 심심컷나, 내가 심심으마 소도 심심은 기지"
122 "니 올 꼭 올라가야 되나"
125 "잘 가거래이"

129 **2 사진으로 하는 이바구**

1
글로 하는 이바구

"내가 담배 끊은 지 칠십오 년이라"

경북 성주군 수륜면 작은동 마을, 그 곳으로 갈 때면 언제나 가야산 기슭에서 잠을 잤습니다. 그러고는 읍내로 내려와 성주경찰서 담 옆구리에 출입문이 나 있는 구내 식당에서 새벽밥을 먹곤 했습니다. 시간 아끼느라 늘 밤 늦게 출발해 고속도로를 서너 시간, 국도를 한 시간 남짓 달려서 성주에 도착하면 자정을 넘기기 일쑤였으며 그 때부터 두어 시간 쪽잠을 자고 해 뜨기 전에 일어났으니 그 쓰린 속을 어디에서 달래겠습니까. 소읍에 새벽 일찍 문을 여는 밥집도 드물거니와 마침 야근이 잦은 경찰서 구내 식당이 문을 열었으니 그만한 밥집이 또 어디 있겠습니까. 거기에다가 밥값까지 헐하니 죄 지은 것만 없으면 길 위를 떠도느라 주머니 사정 빠듯한 이들에게는 안성맞춤인 곳입니다.

작은동에 처음 가던 날도 그랬습니다. 뜨거운 콩나물국에 밥을 말아서 훌훌 한 술 뜨고 일찍 문을 연 점방에서 손바닥이 빨간 고무로 덧씌워진 장갑 한 묶음과 막소주 너덧 병을 차에 실었습니다. 대략 이정도면 준비 끝입니다. 아! 건강 음료가 빠졌습니다. 그 효과는 알 수 없지만 시골 할배 할매들이 맹신하며 마시는 그것도 한 박스 보탰습니다. 이 정도를 자동차에 싣고 거기에 넉살만 있으면 충분합니다. 그것만 있으면 대한민국 땅 그 어느 곳에 가더라도 밥 굶을 염려 없고 잠자리 걱정할 일 없는 법이지요. 넉살이 없으면 이야기판에 끼어서 변죽이라도 울리며 추임새를 넣을 줄만 알아도 그만입니다.

그러곤 무턱대고 작은동 마을로 향했습니다. 참외 하우스가 무성한 농로를 지나면 시멘트로 포장된 좁은 농로가 나타나고, 마을을 지나는 동안은 꼬불꼬불 골목길로 곡예 운전을 해야 했습니다. 다시 2차선은 족히 되어 보이는 비포장 길이 끝날 무렵 왼쪽으로 보무도 당당한 삼층 석탑 하나가 우뚝하게 서 있으니 어쩔 것입니까. 자동차를 세우고 구경할 밖에요. 나중에 안 일이지만 성주 사람들이 해인사에 갈 때면 이 산 속으로 들어서서 등성이를 넘어서 가기도 했답니다.

하긴 작은동이라는 마을 자체가 해인사의 반대편 가야산 기슭에 있으니 그럴 만도 했을 것입니다. 경상북도 유형문화재 제119호로 지정된 '성주 보월동甫月洞 삼층 석탑'이라는 이름을 가진 탑이 있는 곳은 탑안(塔內) 마을이고 더러는 절골(寺谷)이라고도 부르고 있으니 말입니다. 탑이 생긴 모양은 통일신라 시대의 양식에서 벗어나지 않았으며 탑 앞에는 석등을 세웠을 근사한 연화 대좌 하나가 박혀 있습니다. 탑이 있었으니 근사한 전각 겹겹이 들어섰을 절집도 있었겠지만 그 흔적은 찾을 길이 없습니다.

기단에 잠시 앉았다가 다시 길을 나섭니다. 탑을 지나자마자 이내 아스팔트가 나타났습니다. 그러나 방심은 금물이었습니다. 자동차 액셀러레이터 페달을 꾹 밟기도 전에 아스팔트는 끝이 나고 길은 좁아져 마치 산중에 난 임도와도 같은 비포장 길이 펼쳐져 있었습니다.

때는, 골짜기를 따라 왼쪽으로는 다닥다닥 붙어 있는 논에서 벼가 누렇게 익고, 주인 없는 감나무의 감은 주홍빛으로 곱게 물들어 가는 가을이었습니다. 자극적인 광고 문구처럼 죽기 전에 꼭 봐야 할 빼어난 풍광은 아니지만 그저 나무 냄새와 풀 냄새만 맡아도 좋은 저에게는 아름답기 그지없는 길이었지요.

그 길에서 마음이 차분하게 가라앉으니 덩달아 자동차 속도도 느려집니다. 툭하면 길섶에 차를 세우고 내려서 한참을 돌아다니다가 다시 가기를 되풀이하며 십 분이면 닿을 거리를 한 시간은 더 걸려서야 마을에 도착했습니다. 여남은 집이 옹기종기 모여 사는 마을의 가장 끝집, 어르신이 마침 마당에서 일하러 나갈 채비를 하고 계시기에 무작정 인사부터 드렸습니다.

"할배요, 안녕하십니꺼. 할배가 문상의 어르신 맞지예?"
"그래, 내가 문상의가 맞기는 맞는데, 니는 누꼬. 첨 보는 거 가튼데, 우째 남의 이름까정 다 아노. 우리가 어데서 만난 적이 있다나?"
"어데예, 오늘 처음 인사드리는 겁니다."
"그래…, 내를 우예 알고 젊은 사램이 이래 아침부터 찾아와가 인사를 다 하노. 말씨는 여짜 사람 같은데, 어데서 왔노. 대구서 왔나?"
"아입니더, 고향이 대구고 살기는 서울에 삽니더."
"어데, 서울? 그래 먼 데서 뭔 볼일이 있다꼬 이래 일찍 왔시꼬. 올 서울서 출발했시마 아즉 도착할 시간이 안 됐는데……, 어제 성주서 잤디나?"
"예."
"그래 무슨 일이고? 행색도 그렇고, 차리입은 거 보이 관공서 사램은 아인데……."

"그냥 할배 보고 싶어서 왔지예, 딴 볼일은 없심더. 올게 농사는 우째 잘 됐십니꺼. 인자 나락 빌 때 됐을 낀데 비기 시작했십니꺼?"

"해마쭘 농사가 그렇지 뭐, 벨다를 끼 있나 어데. 나락은 인자 빌 때가 되기는 됐는데 아죽은 좀더 있어야 되니라. 한 열흘 더 있시마 될라."

"전부 몇 마지기나 됩니꺼?"

"한 열 마지기는 안 넘것나."

"할배 혼차 그걸 다 합니꺼?"

"그라마, 누가 같이 해 줄 사람들이 있나 어데."

"내가 그거 쫌 거들어 드리까예?"

"어데, 나는 돈도 없고, 제우 농사지어가 그걸로 묵고 사는데 놉 살 돈이 있나 어데. 됐다 고마."

"아임니더, 일할 사람 사라카는 기 아이고예, 그냥 거들어 드린다 말입니더."

"그냥 거들어 준다꼬?"

"예, 할배는 밥만 믹이 주고 재미있는 이야기나 해 주고 그라마 됩니더. 그라마 쌀 찧어 올 때까지 시간 되는 대로 와가 거들어 드린다 말입니더."

"그래……, 그 말이 참말이가. 참, 벨일이네. 그래 해 주마 내사 고맙기는 한데……, 니 이런 일 해 보기는 했나?"

"어데예, 인자 하민서 배와야지예."

"그래……, 그라마 함 해 봐라."

"할배, 인자 연세가 백 살 안 됐십니꺼?"

"아죽 안 됐다. 올게 아흔여섯 살 아이가. 그란데 니는 우예 내 나이까지 다 아노. 얄궂데이."

"성주 시내 장터거리 댕기민서 사람들한테 물어 보이, 백 살 잡순 할배가 정정하이 농사짓는다카길래 그래 알고 왔지예."

"그래……, 성주 장터에 누가 그카더노. 내가 알기는 장터 사람들 다 알지. 내가 여 본토박이 아이가. 그라고 내 메이로 장에 오래 드나든 사람이 또 없다."

"참기름 집에서 쫌 올라가마 약재상 하나 안 있습니꺼, 그 있는 아재가 더러 약나무도 들고 나오고 하신다꼬, 찾아가 보마 좋은 말씀 마이 해 줄 끼라 이카데요."

"허 참, 그래……, 지름집 우에 있는 약방 말이가. 가을게 농사 끝나고 그라마 산에 댕기민서 약낭구 해가 갖다 주기는 한다마는, 그 사람이 그케가 그래 알고 온 기네."

그이와의 첫 만남은 이렇게 시작되었습니다. 마당에 서서 한참 이야기를 하다가 방 안으로 들어갔습니다. "우옛든 간에" 집에 찾아온 손님이니 커피라도 한 잔 하자고 하셨기 때문입니다. 냄비에 물을 끓이고 스테인리스 밥공기에 커피를 타는 시간은 그리 오래 걸리지 않았습니다. 그 일을 내가 하겠다고 해도 굳이 당신이 직접 하시면서 이것저것 묻기 시작하는데 서울에서 누군가 찾아온 것이 오히려 신기한 일인지 되레 저에게 궁금한 것이 더 많으신 것 같았습니다.

하늘이 꾸물꾸물 구름이 잔뜩 낀 탓인지, 아니면 이제는 벼가 익기만을 기다리기 때문인지, 어르신은 논에 나갈 생각조차 접어둔 채 이야기에 열중하셨습니다. 하긴 당신을 찾아오는 사람이 그리 많지 않은 때문이기도 했을 것입니다. 두어 시간, 시간 가는 줄 모르고 있다가 잠깐 자동차에서 가져올 것이 있다며 밖으로 나왔습니다. 담배를 한 대 피우고 장갑을 꺼내서 들고 들어갔더니 장갑은 거들떠보지도 않고 대뜸 물으십니다.

"니 담배 피우고 왔나."
"예."
"야야, 그런 거 피우지 마라. 나는 담배 끊은 지 올게로 한 칠십오 년 됐다. 결혼하민서 그 날로 끊었으이 그래 안 됐나. 내가 스무 살에 결혼 안 했다나."

허! 이것 참. 난감했습니다. 아니 망치로 얻어맞은 것처럼 어질어질했다는 것이 옳을 것입니다. 담배를 끊은 지 칠십오 년이라. 그 앞에서 제가 무슨 말을 더 보탤 수 있었겠습니까. 그저 "예"라고 대답할 밖에요. 그러나 내 머릿속에는 금연에 대한 생각이 가득 들어차 있는 것이 아니었습니다. 그저 막연한 세월을 견주고 있었습니다. 겨우 마흔을 넘겼을 뿐인 나와 담배를 끊은 지 칠십오 년이나 된 그이가 머금은 세월과 그

간극에 대해서 말입니다.

그 때 마침 빗방울이 후드득 떨어지기 시작했습니다.

"할배요, 비 옵니데이."
"그래······."

마당에 늘어놓았던 것들을 설거지하느라 한동안 분주를 떨고 난 다음 그만 가야겠다고 했습니다. 벼를 베기 시작하는 날, 일 거들러 오겠다는 말을 남기고 말입니다.

"집은 다 핀체, 어른들도 다 편안하시고……"

일 주일이 지난 뒤, 다시 작은동으로 향했습니다. 비록 하늘은 흐렸지만 혹시라도 벼를 베기 시작하지 않으셨을까 싶어서 서둘러 찾아들었습니다. 벌써 새벽에 논을 한 바퀴 돌아보고 오셨는지 마당에 있는 수돗가에서 고무신을 닦던 할배가 반갑게 맞이하십니다.

"이기 누꼬, 인자 오는 길이가. 언제, 밤에 왔다나?"
"예."
"집은 다 핀체, 어른들도 다 편안하시고……?"
"예."
"하모 그래야지."
"할배도 편하이 계셨습니꺼?"
"내야 안 그렇나, 요새가 일 년 중에 젤로 바쁜 때라. 일 년 농사를 아무리 잘해 놔도 가실을 잘못하마 고마 헛빵이거든."
"우예 나락은 비기 시작했십니꺼."
"어데, 아직 시작 모했다. 아직 며칠 더 있어야 될 끼라. 올게는 더디다, 날도 안 좋고……."

할배는 넉살도 좋으십니다. 생전 한 번 본 적도 없는 우리 어른들 안부까지 다 물으시니 말입니다. 여하튼 다행입니다. 서두른다고 서둘렀지만 혹시 할배 혼자 나락을 베기 시작하셨으면 어쩌나 싶었기 때문입니다. 날씨가 궂어 나락이 제대로 여물지 않았다며 손을 대지 않으셨으니 저로서는 다행이었지만 할배는 이제 하루 이틀만 지나면 나락을 베야 하는데 날씨가 이래서 큰일이라는 넋두리를 내놓으십니다. 휘둘러 당신 논 구경이나 하자며 할배가 앞장서십니다.

할배 논은 어느 한 곳에 모여 있지 않았습니다. 좁은 골짜기 여기저기 띄엄띄엄 흩어져 있었습니다.

이 골짜기에 두어 마지기, 저 골짜기에 서너 마지기, 이렇게 된 것은 돈이 생길 때마다 샀기 때문이랍니다. 그것은 할배가 타고난 부자가 아니었다는 말과 같습니다. 그리고 엄청 부지런하고 성실했으며 자린고비와도 같은 구두쇠로 살아왔음을 반증하는 것이기도 합니다. 그렇게 하지 않고서는 매물이 나오는 대로 논을 사들이지 못했을 것이니까요.

마당에 있던 할배는 외양간에 있는 소를 끌어 내어 앞세우고 걷기 시작하셨습니다. 제 눈에는 베도 될 성싶을 만큼 벼가 누렇게 잘 익었건만 당신이 보시기에는 하루 이틀 더 여물어야 하는 모양입니다.

그런데 문제는 벼가 아니었습니다. 소를 끌고 가는 할배의 걸음이 더디다 못해 속이 탈 지경이었으니까요. 아니 표현을 고쳐야겠습니다. 소를 끌고 가는 것이 아니라 소가 가는 대로 따라가시는 것이었습니다. 내처 걸으면 채 십 분도 걸리지 않을 거리를 삼십 분이 넘도록 오르자 비탈진 골짜기를 따라 손바닥만한 논이 듬성듬성 펼쳐져 있었습니다.

"저 봐라, 저짜 저거 전부하고, 그 우에하고, 또 저 옆에 보이나, 그거하고 ,저 골짜기 건너 저기 전부 다 내 끼다. 저거를 다 비야 되는데 니가 거들마 한 사날은 빨리 비겠네. 우예, 전에 니가 말한 대로 쫌 거들어 줄 끼가?"

"그라마요. 모내는 거는 해 봤어도 나락 베는 거는 못 해 봤는데 이번에 함 해 보지요, 뭐."

"뭐라, 모내는 거를 해 봤다꼬. 그거를 우예 해 봤다나?"

"마이 해 봤심더. 봉사 활동 같은 거 나가서도 하고 군대서도 농사 바쁠 때 대민 지원 이런 거 나가고 그랬다 아입니꺼."

"그래……, 생긴 거는 그래 안 봤는데, 벨 껄 다 해 보고 살았네. 대구서는 어데 살았다나?"

"종합운동장 아십니꺼. 그 옆에 태평로라꼬 그 살았는데 외갓집이 능금밭을 크게 해가, 쪼매날 때부터 밭에 가가 일 같은 거는 마이 해 봤심더."

"능금밭을 했다꼬. 그라마 과수원이네. 약 치고 이런 것도 다 해 봤다나?"

"발동기도 돌리고, 뽐뿌도 시라 보고 도라무통에 약 풀고 나무에 약 치고 이런 것도 해 봤지예."

"그래……."

할배는 의외라는 듯이 말꼬리를 삼키고는 더는 묻지 않으셨습니다. 그 날은 종일 날이 흐렸습니다. 점심녘에 집에 내려와 라면을 끓여 먹고 다시 논으로 나갔다가 돌아오던 저물녘에 비가 떨어지기 시작했습니다.

할배와 함께 마당 설거지를 하고 사흘 뒤에 다시 오기로 하고 뒤돌아섰습니다.
　참, 그 날 할배 논 나락을 다 벨 때까지 허드렛일을 거드는 조건으로 할배와 계약 아닌 계약을 했습니다. 물론 경쟁 상대는 말할 것도 없거니와 계약서도 없었습니다. 그렇지만 계약금까지 받았으니 엄연한 수의계약이었습니다. 계약금은 할배 집 마당의 감나무에 달려 있던 주홍빛이 고운 홍시 세 알이었습니다.

"억거, 가다마이 아이가"

사흘 뒤, 동이 트기 전부터 서둘러 할배 집에 다다르자 먼동이 밝아 오기 시작했습니다. 할배는 지게에다가 이것저것 챙기기 시작하셨습니다. 낫 서너 자루, 곡괭이 한 자루, 아주 넓은 비닐과 끈, 숫돌과 마실 물이 전부였습니다. 채비가 끝나자 며칠 전 제가 사 온 장갑을 끼고는 "인자 가자 고마, 올은 저 만디에 있는 논 안 있더나, 전에 내하고 가 봤제, 소 묶어 놓고 올라갔던 데, 그 비마 된다" 하시며 말이 채 끝나기가 무섭게 훌쩍 지게를 지고는 뒤도 돌아보지 않고 집 뒤로 나 있는 오솔길로 접어드셨습니다.

"할배요, 나는 낫도 없는데요?"
"여 다 있다. 내가 안 가주가나. 요 며칠 전에 장에 나갔다가 하나 사 왔다. 니가 와서 일한다카이 우짜노, 집에 있는 거는 날도 죽었고 하도 오래 돼가 손볼라케도 우예 할 수가 없다 아이가."

사실 제가 쥐고 싶었던 낫은 할배의 낫이었습니다. 자루에 손때가 묻어 반질반질 윤이 나는 낫 말입니다. 그 낫이 주는 특별한 감촉을 느끼고 싶었던 것이지요. 그런데 할배는 서울 촌놈을 위해 새 낫을 사 놓으셨다고 하니 난감하기 짝이 없었습니다.

"할배요, 내가 그 낫 갖고 하마 안 됩니꺼?"
"어떤 거?"

"그거요, 할배가 쓰는 낫 말입니더."

"이거, 자꾸 미끄러질 낀데, 이기 뭐가 좋다꼬. 그래도 니 하고 싶으마 이걸로 해라."

"고맙심더. 지게 일로 주이소, 내가 지고 가구로."

"니가 지게도 져 봤디나, 됐다 고마."

"비니루하고 끈은 뭐 할라꼬 가주가는데예?"

"인자 나락을 다 비마 한테 모다가 덮어 놔야지. 올 날씨가 수상타 아이가. 그라이 단디 덮어 놔야지 비라도 맞아가 젖으마 우짜노. 비니루로 덮고 끈으로 바짝 땡기가 묶아 놔야지 바람에 안 날라가지. 하늘을 보이 틀림없이 올 밤에 비 올 끼라."

"점심때는 우얍니꺼. 누가 밥 가주올 사람도 없잖아요."

"집이 바로 요 아랜데 내리와가 묵고 또 올라가마 되지. 뭐 바쁜 기 있나, 어데."

할배가 건네준 낫자루는 보기만 해도 기분이 좋았습니다. 몇 년이나 묵은 것일까, 반질반질 윤이 나는 낫자루를 그러쥐고 쓱쓱 벼를 벨 생각을 하니 절로 기분이 좋기만 했습니다. 그런데 뭔가 이상했습니다. 할배가 오늘따라 양복을 입고 계신 것입니다. 저는 작업복이랍시고 가장 허름한 옷을 골라 입고 왔는데 말입니다. 비록 와이셔츠 대신 하얀 내복을 속에 받쳐 입었을지언정 할배는 번듯한 차림새였습니다.

"할배는 일하로 가는데 뭔 양복을 입었데요. 전에 입던 작업복 같은 거 입지."

"와, 보기 싫나."

"어데예, 폼 납니더."

"이거 가다마이 아이가. 내 큰아들이 입다가 내삐린다카길래 내가 가주와가 일복으로 안 입나. 쓰봉도 이기 우리 아들 끼라. 일복으로 입으마 한참을 더 입는데 내삐리기는 와 내삐리."

"가다마이라카는 말 오랜만에 들어 보네예. 대구 살 때는 가다마이, 우와기, 쓰봉, 이런 말 마이 들었는데. 할배도 징용 갔다 왔심니꺼."

"어데, 난 안 갔다. 여가 지금도 이런데 그 때는 산골도 아주 깊은 산골이라. 그래가 이 골짝에 사는 사람들은 다 안 갔드라. 그래도 그 때는 읍내 양복점에 가도 그렇고 사람들이 말카 일본 말 씨고 안 그랬나."

"우리는 할부지하고 큰아부지 그리고 우리 아부지하고 전부 다 일본에서 살다가 와가 집에서 일본 말 마이 했심니더."

"그래, 일본 어데 살았다카다나?"

"오사까 그 쪽에 살았다카던데예."

"옛날에 경상도 사람들이 일본에 마이 살았드라. 징용 끌리가기도 했고 여자들은 보국대라카는 거 안 있나. 그걸로 잡히가기도 했고, 경상도가 일본하고 가깝으가 마이 안 갔나. 요새맨치로 비행기가 없을 때인 께네 전부 부산서 배 타고 안 갔나. 아매 너거 어른들도 배 타고 댕깄을 끼라. 너거는 고향이 대구라카더나."

"어데예, 저는 대구에서 났는데, 어른들 고향은 영천이라예. 문중 모사 이런 거 지낼 때 영천으로 안 갑니꺼."
"저 군위 우에 있는 영천 말이제."
"예."

그렇게 골짜기 끝 가장 높은 곳에 있는 논까지 가는 데 이미 많은 시간이 지났습니다. 간혹 해가 들었다가 또 구름에 가리기를 되풀이하는 날씨가 못마땅했지만 그건 할배나 제가 어떻게 할 수 없는 일이니 어찌합니까. 그저 쓱싹쓱싹 낫질이나 할 밖에요. 할배가 특별히 제게 내어주신 낫을 받아든 저는 잠시 난감했습니다. 사실 할배에게는 낫질을 해봤다고 했지만 그게 언제 일인지 기억이 가물가물한 저로서는 할배가 하는 양을 훔쳐보느라 바빴습니다. 그러면서 호기롭게 덤벼 보았지만 이론과 실제는, 상상과 현실은 언제나 다르기 마련입니다.

처음에는 같은 논두렁에서 시작했건만 시간이 지날수록 할배와 나의 거리는 벌어지기 시작했습니다. 그렇게 서너 시간, 얼추 10미터는 더 앞서 나간 할배가 낫을 거두시더니 점심 먹으러 가자고 하십니다. 순간 맥이 풀리고 담배 생각이 절로 났지만 담배 끊은 지 칠십오 년이나 된 할배 근처에서 연기는커녕 냄새조차 피울 수도 없으니 먼저 내려가시라고 곧 뒤따라가겠다는 말만 던졌습니다.

"그래, 퍼뜩 따라온니라. 니 라면 좋아하나?"

"그라마요. 묵는 거는 없어서 못 묵지 있는 거는 다 잘 묵심니더."
"그래, 그라마 라면 낋이 묵자. 묵다 남은 찬밥도 있실 끼다."

그렇게 해서 먼 산을 바라보며 담배 한 대를 피우는 여유를 가졌습니다. 그래 봐야 달려가면 할배의 속도를 따라잡을 수 있을 테니까요. 아니나다를까, 할배는 내려가는 길에 온갖 참견을 다 하고 계셨습니다. 낫을 들고 길섶의 풀들을 헤치며 괜히 서서 뚫어져라 무엇인가를 바라보다가 다시 걷기를 되풀이하고 계셨습니다. 혼잣말로 뭐라고 하기도 하고 그냥 먼 하늘을 한번 쳐다보시기도 하고 그렇게 말입니다.
처음 할배를 만나고 두어 차례 같이 지내는 동안에 깨달은 것은 할배에게는 도무지 바쁜 일이 없다는 것이었습니다. 그것은 시간을 정해 놓고 무엇을 하는 것이 아니라는 것과 같습니다. 정해진 시간 안에 움직이는 것이 아니라 자신이 움직일 수 있을 만큼 하루를 쓰고 있었으니까요. 하루가 스물네 시간이거나 말거나 할배는 그 시간에 맞추실 생각은 도통 없어 보였습니다. 그저 해가 뜨면 일어나고 해가 있는 동안은 일을 하고 해가 지면 자리에 눕되, 그것이 도시 사람들처럼 정해 놓은 시간이 따로 있지 않아 보였습니다. 오늘 못 하면 내일 하고 오늘 미리 했으면 내일은 또다른 일을 하고 그렇게 말입니다.
처음에는 당혹스럽기도 했습니다. 늘 시간과 약속에 얽매여 살던 저로서는 익숙하지 않은 일이었으니까요. 할배는 아예 시계를 차고 있지도 않으셨지만 점심때나 저녁때를 놓치시는 법은 없었습니다. 날이 좋으면 해를 보고 밥 때를 정하고 날이 궂어 해가 없으면 "인자 내리가자고마" 하는 말이 떨어지는 순간, 바로 그 때가 밥 때였으니 제 손목시계가 때로는 부끄럽게 여겨지기도 했습니다. 그러나 정작 손목시계가 더 부끄러웠던 것은 할배는 결코 시간이 지났다며 조바심을 내시는 법이 없기 때문이었습니다.

아마, 그 때부터였을 것입니다. 할배를 가까이에서 보지 않으려 애를 쓴 것이 말입니다. 일부러 10미터나 20미터가량 거리를 두고 할배를 바라보기 시작한 것이지요. 사실 따지고 보면 올해 아흔여섯 살이라고 했지만 그것은 주민등록 나이일 뿐이지 싶었습니다. 예전 어르신들 이야기를 들어 보면 대개 출생 신고는 태어나서 삼 년을 넘기고 나면 했다고 합니다. 그 때까지 살아 있으면 그 때서야 이 아이가 안 죽고 살 것이라고 믿어 출생 신고를 했다는 것이지요. 더구나 이렇듯 깊은 산골이고 보면 거기에 또 몇 년이 더해졌기가 십상입니다. 그러니 내 눈앞에서 걸어가는 할배의 나이는 어언 백 살이 가까울 것이라는 생각이 들었습니다.

백 살, 한 세기가 움직이는 것이지요. 세상의 시간에 얽매이지 않은 채 말입니다. 그 모습을 가까이에서 보는 것은 밥 먹을 때나 마당에서 이야기할 때면 족하다고 생각했습니다. 제가 또 어디에서 이처럼 꼿꼿한 어르신이 자연 속을 누비고 다니는 모습을 볼 수 있을 것이며 땅을 일구는 모습을 대할 수 있을까 싶기도 했습니다. 그 때부터였습니다. 마음은 할배에게 붙어 있되 이렇듯 일을 할 때나 걸을 때면 때로는 앞서고 더러는 뒤따르고 하면서 거리를 두기로 작정한 것이 말입니다.

그리고는 사진기의 렌즈를 망원 렌즈인 105mm로 바꾸고 다른 것들은 모두 치워 버렸습니다. 그 렌즈로는 가까이 다가가면 얼굴밖에 찍을 수 없을 것이며 아예 초점조차 맞지 않을 터이니, 강제로 할배와의 거리를 지니게 되는 방법을 택한 것입니다. 또 할배의 전신만을 찍기로 작정했습니다. 할배의 모습을 제대로 보는 방법은 그것밖에 없다고 생각한 것이지요. 자연 속에서 모나지 않게 자연과 완벽하게 어우러진 할배의 모습은 제 깜냥으로는 결코 가까이에서 부분을 보며 이해할 수가 없었습니다. 오히려 멀리서 전체를 보는 것이야말로 맛깔스러운 할배의 진면목을 볼 수 있는 방법이라고 생각했습니다.

그렇게 생각을 정리하며 집으로 들어선 나는 깜짝 놀라고 말았습니다. 이미 라면 물을 올려놓은 것이야 그렇다손 쳐도 문제는 물이 끓고 있는 그 냄비였습니다. 얼마나 오래 닦지 않았는지 모를 냄비는 라면 전용인지 곁에는 라면 스프가 불에 타서 까맣게 눌어붙은 것은 물론이려니와 이미 라면을 여러 차례 끓인 흔적 선이 냄비에 부어 놓은 물 속에서 나이테처럼 그대로 남아 있었습니다. 그러나 아무 말 하지 않았습니다. 할배는 아무렇지도 않게 그런 냄비에 줄곧 끓여 드셨을 터인데 객인 제가 괜히 분주를 떨며 유난한 척할 필요가 없기 때문이었지요.

아무리 제가 끓이겠노라고 나서도 굳이 당신이 하시겠노라더니 과연 상에 올라온 라면 가닥은 칼국수만큼이나 굵어져 있었습니다. 국물은 어디로 갔는지 한 숟가락도 보이지 않고, 면은 젓가락을 갖다 대면 맥없이 끊어져 버리니 숟가락으로 퍼먹었다는 것이 옳을 것입니다. 그렇거나 말거나 할배는 맛나게 드시더니 대접에다가 찬밥을 가득 퍼 오셨습니다. 든든하게 먹어야 일을 할 수 있으니까 마음껏 먹으라는 것이지요.

밥상이라고 김치 한 보시기와 찬밥 한 대접 그리고 라면이 전부였지만 그저 "맛있네요"라는 말을 연발하며 결코 할배보다 먼저 숟가락을 놓지는 않았습니다. 그게 예의인 것 같았습니다. 그러나 되짚어 생각해 보면 반드시 예의 때문만도 아니었습니다. 정말 맛이 있었으니까요. 설거지는 제가 하겠다고 하니 그냥 두라십니다. 저녁이면 또 그 냄비에 무엇인가 끓일 것이 분명할 테지만 모른 체하고 마당으로 나섰습니다. 그 새 하늘의 구름이 간데없이 사라져 맑은 가을 햇빛이 온 산야에 가득했습니다.

"할배요, 날이 좋아졌네요."
"어데, 이래 잠깐 카다가 또 꾸무리해질 끼다. 비나 안 오마 다행이겠구로."
"에이, 점점 좋아지겠는데 비는 무슨 비가 올라꼬요."
"인자 고마 또 올라가자."

제 말은 들은 체 만 체 할배가 앞장서고 제가 뒤따랐습니다. 논에 다다르자마자 숨 돌릴 틈도 없이 대뜸 낫질이 시작되었습니다. 서로 말 한마디 없었습니다. 바람 한 점도 귀한 골짜기에 쓱싹쓱싹 낫질하는 소리

"이거, 가다마이 아이가" 43

만 난무할 뿐, 어쩌다 들리는 산새 소리가 돋보이는 형국이었습니다. 흔히 들에 나가서 일할 때의 별미로 기다려지는 새참은 꿈도 꾸지 못했습니다. 할배 혼자 살림에 그 무슨 호사를 꿈꾸겠습니까. 그렇다고 성주읍의 자장면이나 별 다방 또는 꽃 다방의 미스 킴이 커피 배달을 오기도 터무니없이 먼 거리이니 어쩔 수 없는 일이었습니다.

어쩌다 물 한 모금씩 마실 때 얼마나 했을까 싶어 뒤돌아보고 앞으로 해야 할 일이 얼마나 될지 가늠해 보는 것이 전부였습니다. 드문드문 할배의 흥얼거리는 콧노래 소리가 들려오기도 했지만 그것조차도 이내 그치곤 했습니다. 일이 그만큼 고된 탓이었을 겁니다. 할배의 예언대로 하늘은 곧 비를 뿌릴 듯 흐려졌고, 일은 다섯시가 가까웠을 무렵 끝이 보이기 시작했습니다.

"다 했나, 우옛노."
"쪼매마 더 하마 됩니다."
"그래, 그라마 퍼뜩 하고 베가 논바닥에 눕파 놨는 거는 이짜로 전부 모다라. 지게에 저 끄네끼 안 있나. 그걸로 한 다발씩 묶아가 한쪽에다 쟁기야지 비니루로 덮지. 봐라, 아까 내 안 카더나. 비 올라카제."

할배는 나락을 벤 논 한쪽에 터를 잡더니 그쪽으로 볏단을 옮기기 시작하셨습니다. 아침에 가져온 끈으로 대충 볏단을 묶어서 옮기시는 것입니다. 얼마나 됐을까. 벼를 베는 내내 양복 윗도리를 벗지 않던 할배가 갑자기 윗도리를 벗으셨습니다. 구름이 잔뜩 끼어서 오히려 선들선들한데 말입니다.

"할배요, 덥심니꺼."
"내 우와기 벗었다. 거추장시럽어서. 이놈의 볏단을 어깨에 올릴라카이 안 불편나, 가다마이는 이기 문제라."
"그라마 딴 거 입지, 와 벼 벨 때 입었심니꺼."
"그래도 올 니가 사진 찍는다카고 이카이 내가 입었지. 안 그라마 입나 어데."

하하, 할배가 양복을 일복으로 입은 속내를 그 때서야 알아차렸습니다. 나이가 백 살이라도 사진 찍힐 때는 깨끗하게 차려입고 싶으신 모양입니다. 당신이 가지고 있는 옷 가운데에서 그래도 가장 번듯한 일복으로 갖춰 입으시고 말입니다. 그런데 자꾸 웃음이 나는 것은 무슨 까닭이었을까요. 아마도 백 살 어른의 천진난만함을 엿본 때문이었을 겁니다.

"이래 하마 됩니꺼."

낫질할 때야 단순 반복적인 일이니 여쭈어 볼 일도 없었습니다. 그러나 낟가리를 쌓으려고 옮길 때는 툭하면 여쭤야 했습니다. 할배 하시는 양을 보며 눈치로 어림잡아도 알 수 있는 일이지만 괜히 자꾸 물었습니다. 그래도 할배는 귀찮은 내색 한번 하지 않고 다가오셔서 "그기 아이고," "그래 해가 되나 어데" 또는 "그래 됐다"라는 평을 하시곤 가르칠 것은 가르치고 돌아서시곤 했습니다.

제가 정말 놀란 것은 할배는 식사할 때를 빼면 단 한 차례도 쉬지 않으신다는 것입니다. 할배가 그렇게 하니 저 또한 쉴 겨를이 없어 몸은 지쳐 갔지만 그 앞에서 편하게 앉을 수도 없는 일이라서 곤혹스럽기만 했습니다. 그래도 나락 베는 것이 끝나고 옮길 차례가 되면 한 차례쯤은 논두렁에 걸터앉아 먼 산이라도 바라보며 숨을 고를 만도 한데 말입니다. 그러나 할배는 마치 워커홀릭처럼 연이어 다른 작업으로 옮겨 가는 숙련공일 뿐, 잠시의 틈도 주지 않으셨습니다.

두어 무더기 낟가리를 쌓아 놓고는 지게에 가서 비닐을 가져오라십니다. 비닐을 덮자 "단디 잡아라"며 반대편으로 가서 비닐 끝을 잡아당기고는 "낟가리가 다 덮있나 우옛노" 하며 묻더니 이번에는 큰 돌멩이를 가져오라십니다. 그러나 논에서 애기 머리만한 돌멩이를 찾는다는 것은 여간 어려운 일이 아닙니다. 신발을 신고 산으로 갔지만 찾지 못하고 내려오자 "없다나" 한 마디 하시고는 곡괭이 삽으로 논바닥을 한번 찍어서 흙더미를 비닐 위에 올려놓으십니다.

비바람이 몰아쳐도 낟가리가 젖지 않고 또 바람에 날아가지 않게 말입니다. 그러고는 야무지게 됐는지 한참을 낟가리 근처를 빙빙 돌며 살피고는 "됐다 야물게 됐제, 고마 인자 내리가자" 하며 앞장서셨습니다. 그렇게 앞서 놓고도 자꾸만 뒤돌아보시는 것은 밤새 비라도 내리지 않을까 하는 걱정 때문인 것 같았습니다. 어느 새 어둑해졌지만 마당 설거지를 하고 소에게 풀을 뜯기고 난 다음 할배는 라면을 끓이시고 저는 낫을 씻었습니다.

아마도 점심때의 그 냄비에 끓였을 테지만 그렇게 맛날 수가 없었습니다. 저녁에는 별미라며 할배가 '꼬장' 곧 고추장을 꺼내 오셨습니다. 시뻘건 그것을 라면에다 쓱쓱 발라서 먹고는 거기에 다시 밥을 반 공기나 비벼서 먹고 나니 수라상은 무엇이고 산해진미가 무엇입니까. 제 입에 들어간 것이 바로 그것이지 싶었습니다.

상을 물리고 나서 할배는 다 늦게 어디를 가느냐고 저 빈 방에서 자라고 하셨지만 저는 한사코 마다한 채 성주읍으로 나왔습니다. 캔 맥주 두어 개를 사들고 여관방에 들어가 씻지도 않은 채 잠깐 누웠는가 싶었는데 어느 새 새벽이었습니다. 고꾸라져 잠이 들었던 것입니다. 캔 맥주와 땅콩이 든 비닐봉지는 끌어안고 있을 뿐 밖으로 꺼내 놓지도 못했고 옷은커녕 양말도 벗지 못한 채였습니다.

"올은 디네, 날도 따갑고……"

그런데 왜 이리 허벅지가 아픈 것인지, 허리가 아플 줄 알았더니 좋다고 소문난 갖은 파스를 다 붙였지만, 서붓서붓 걷기는 글렀습니다. 경찰서 구내식당의 아지매가 오히려 걱정을 내놓습니다. 무슨 일을 하고 왔기에 하루 만에 사람이 그렇게 되었느냐고 말입니다. 사나이 체면에 차마 말도 못하고 북엇국에 밥 한 술 뜨고는 라면 한 박스를 사서 작은동으로 향했습니다. 할배는 이슬도 채 마르지 않은 숲길에서 소와 함께 계셨습니다. 여물도 여물이지만 그래도 제철 풀이 소에게는 가장 좋은 음식이기 때문이랍니다. 이제 곧 들이닥칠 겨울에는 건초만 먹어야 할 소에 대한 배려이기도 하겠지요.

"왔나, 읍에서 잤다나. 아직은 우옛노?"
"경찰서 구내 식당 안 있십니꺼. 그가 싸고 밥맛도 좋고 일찍부터 장사합니더. 그서 한 그릇 하고 오는 길입니더."
"그래……."

이야기를 할 때 할배의 묘한 버릇은 "그래……" 하시는 것입니다. 말끝에 여운을 길게 끌며 "그래……" 하시는 것은 말이 끝난 것도 또 끝나지 않은 것도 아닙니다. 대꾸를 하긴 해야 하는데 퍼뜩 다음 말이 떠오르지 않을 때 하시는 버릇인 것이지요. 그렇게 되고 나면 이야기의 방향은 대개 전혀 엉뚱한 곳으로 가곤 합니다.

"올은 가다마이 벗어 뿟다."
"그래도 바지는 어제 그대로 같은데예?"
"우와기만 안 벗었나."
"잘 했심더. 올은 또 어느 논 하로 가야 합니꺼?"
"올도 어제 했던 데 그짜 옆이다. 어제 갔던 데 좀 못 가서……."

채비를 마치고 나니 오늘은 아예 소를 데리고 가실 모양입니다. 채 지지 않은 개망초꽃 하얀 들판으로 말입니다. 소는 할배가 붙들고 지게는 제가 졌습니다. 그렇지만 어제 올라갈 때와는 달리 속도가 더디기만 합니다. 그것은 지게가 무거워서가 아닙니다. 할배가 소와 함께 걸으시기 때문입니다. 그저 맹목적인 사랑 같아 보이는 할배와 소의 관계는 좀더 두고 봐야 할 것 같습니다.

논에 다다르니 어제 벤 논보다는 면적이 적었습니다. 그렇지만 아침부터 쨍쨍한 가을 햇살이 만만치 않습니다. 여름 날씨 같은 것이 어제와는 영 딴판입니다. 소를 묶어 두고 어제 쌓아 놓았던 낟가리의 비닐을 벗기고 풀어헤치셨습니다. 좀더 바짝 말라야 한다는 것입니다. 그러고는 낫질이 시작되었습니다. 그러나 할배도 목이 타는지 낫을 집어 든 채 연신 물을 들이켜십니다. 점심 먹으러 갈 때까지 논 옆으로 흐르는 개울물을 두어 번 더 떠 와야 했으니 할배 입에서도 거푸 "아이고 디다" 하는 말이 터져 나옵니다.

"할배도 딥니꺼?"

"그라마, 올은 디네, 날도 따갑고……."

"난 할배는 강철인 줄 알았디이, 그것도 아이네예?"

"뭐라카노, 내가 젊었을 직에는 여서 대구까지 맨날 걸어 댕깃다 아이가. 새벽밥 묵고 나가마 대구 가서 장보고 그 날 저녁이마 집에 오고 그랬디라. 이런 논 같은 거는 그 때는 논 축에 들지도 모햇다. 그저 낫 들고 한 번 지나가마 벼가 다 넘어져 있고 안 그랬다나. 모내기할 때도 마찬가지라. 요만한 논뙈기는 모 뭉티기 몇 번 던지고 나마 다 심가져 있고 그랬는데, 인자 내 나가 몇 살이고. 그라이 힘이 안 들었나, 어데."

"모를 안 숨구고 떤집니꺼?"

"하모, 우리는 전부 투모投耗로 했다 아이가. 떤지는 기 숨구는 거라."

"그라마 할배는 요새도 그래 합니꺼?"

"하모, 그래 하지. 이앙기 안 있더나, 로타리라카는 거. 그런 걸로 해야 모가 똑바로 숨가지지, 우리맨치로 투모하는 사람들은 전부 손으로 하이, 모가 어데 똑바로 숨가지나. 여 봐라, 이래 벼하고 벼 새가 지멋대로 아이가. 이기 투모로 떤지 놓고 논에 댕기민서 미미 고롯코 숨가야 하는 긴데, 그래 안 해가 이래 된 기라."

"요새도 그래 투모로 하는 사람들 있다캅디꺼?"

"몰라, 내는 여 있으이 알 수가 있나 어데. 그래도 하는 사람들 없을끼라. 기계가 좋으이 다 그걸로 하지 누가 손으로 할라카겠노."

열다섯 살부터 논농사를 했다는 할배가 힘이 든다고 하시니 생전 처음 낫을 든 저는 오죽했겠습니까. 한 번 앉았다가 일어나기도 어려울 정도로 허벅지 근육은 뭉치다 못해 굳어 버렸으니 힘들다는 말이 목구멍까지 차올랐지만 차마 할배 앞에서 밖으로 꺼내 놓지는 못했습니다. "니는 괜찮나" 하는 물음에 웃는 얼굴로 "괘안심더" 하며 대꾸만 할 뿐이었지요. 오히려 할배가 쉬면 덩달아 쉴 참으로 "좀 쉬 가미 하이소, 그라다가 할배 몸살나시겠네" 하며 걱정을 내놓기까지 했으니 누가 봤으면 가증스럽다고 할 정도로 포커 페이스를 한 셈이지요.

점심 먹으러 내려갈 무렵 벌써 반이나 해치웠으니 오늘은 빨리 끝나려니 생각한 것은 오산이었습니다. 예의 라면으로 점심을 먹으며 냄비에 나이테 하나를 더 보태고, 해가 머리 위에 있을 무렵 작은 논 하나를 끝냈습니다. 이제 그만하려나 싶었는데 다시 저 옆 논으로 가자 하십니다. 하룻볕이 아까운 때이니 해가 남았는데 일을 끝낼 까닭이 없었던 것이지요. 하얀 억새가 출렁이는 논두렁을 걸어 논에 다다르니 말 그대로 손바닥만합니다. 서두르면 해질 무렵에 끝낼 수 있을 것 같았으니 속으로 다행이다 싶었지만 내색은 하지 않았습니다.

"할배요, 이거는 내 혼차 해도 되겠네요. 퍼뜩 하마 해질 때 되마 다 하겠는데요."

그렇게 고요한 골짜기에 다시 낫질 소리가 넘실거렸습니다. 두어 시간, 낫질을 멈추고 어제와 같이 할배 말대로 '단디' 혹은 '야물게' 비닐을 덮고 흙더미로 눌러놓을 것이라 생각했지만 오늘은 또 그러지 않습니다. 오히려 어제 쌓아 놓은 낟가리까지도 허물어 논두렁에 비스듬하게 기대어 놓으라고 하십니다.

"와 어제는 쌓아 놓으라카디 오늘은 또 이래 해 놓는데예."
"하늘 함 봐라, 낼도 날이 좋을 끼라. 어제는 비 올까 싶어가 그래 해 놓은 기지. 오늘은 날이 이래 좋은데 덮어 놓 필요가 있나 어데."

오늘은 집에 내려와 마당 설거지도 건성으로 하시고 늘어놓았던 참깨도 덮기만 할 뿐 거둬들이지 않으십니다. 할배는 서둘러 소와 함께 집 앞 풀밭으로 나가시고 저는 한눈에 그 모습이 들어오는 곳에 자리 잡고 물끄러미 바라보기만 했습니다. 할배에게 그 시간이 중요하다는 것을 뒤늦게 깨달았기 때문입니다.

그 날 밤, 할배가 말한 대로 하늘은 쾌청했습니다. 늦게까지 마당 평상에 앉아 하늘을 바라보는데 유난히 밝은 별 하나가 떴습니다. 저는 그 별이 남두성南斗星 서남쪽에 뜬다는 농장성農丈星이기를 바랐습니다. 「진서晉書」 천문지天文志에 따르면 농장성은 농장인성農丈人星이며 곡식의 추수를 관장한다고 합니다. 농장성이 밝게 빛나면 풍년이 들고 침침하면 기근이 닥친다고 했으니 그저 탈없이 할배의 가을걷이가 끝나는 것은 물론이려니와 또한 풍족하기를 빌고 싶었습니다.

"저것도 배고프마 지 묵고 자븐 것도 무야지"

"쯧쯧."

꿈쩍도 하지 않던 소가 할아버지가 부르시면 일어서기도 하고 따라나서기도 합니다. 그러나 제가 아무리 할배처럼 흉내를 내도 쳐다보지도 않으니 더욱 신기한 일입니다. 오늘도 점심때부터 외양간에 웅크리고 있던 소는 할배의 부름에 냉큼 일어섰습니다. 그러고는 구부리고 있던 무릎이 편치 않은 듯 잠시 몸을 추스르더니 뚜벅뚜벅 할배를 따라나섭니다. 하지만 길섶에 나 있는 모든 풀을 거들떠보느라 굼뜨기가 이루 말로 다 할 수 없습니다.

더욱 흥미로운 것은 할배의 속도입니다. 본디 할배부터가 나이에 따른 육체의 노화 때문인지 결코 재바르지 않습니다. 그렇기에 그 둘이 만나면 저는 속이 터집니다. 느리기로 어찌 저토록 느릴 수가 있을까. 저는 여태까지 살면서 그렇게 느려터진 관계를 서로 용납하며 함께하는 모습을 본 적이 없습니다. 느리기만 할 뿐, 그렇다고 할 일을 하지 않는 것은 아닙니다. 할 일은 모두 하면서 그렇게 굼뜨니 뭐라 할 수도 없습니다.

할배는 쇠고삐만 잡으면 영락없이 소의 속도를 따르십니다. 결코 소를 잡아끄시는 법이 없습니다. 고삐에 묶어 놓은 줄은 15미터는 족히 될 법하게 길었고 할배는 언제나 그 끈을 느슨하게 잡고 계실 뿐인 것이지요. 그러니 소가 제 할 일을 다 하고 움직여야 겨우 할배도 따라서 움직

"저것도 배고프마 지 묵고 자븐 것도 무야지" 55

이시는 것입니다. 그것이 할배가 할 일입니다. 그렇다면 소가 할 일은 무엇일까요. 그것은 먹고 싸는 것이지요. 저녁 산책 나온 소가 별달리 할 일이 있겠습니까.

외양간에서 마당을 지나 경운기 다닐 만한 폭을 지닌 길 하나만 지나면 풀이 지천으로 자란 묵밭입니다. 그러나 오늘도 거기까지 가는데 십 분이 뭡니까, 이십 분은 족히 더 걸린 것 같습니다. 소는 풀밭으로 들어서는 순간부터 땅으로 고개를 숙인 채 풀을 뜯느라 여념이 없고 할배는 그저 목줄을 길게 잡고 있을 뿐 아예 소는 바라보지도 않으십니다. 곁에 서서 먼 산이나 하늘을 보거나 멀리 있는 논이나 밭을 바라보실 뿐 "쯧쯧" 하는 소리 이후로는 서로의 침묵이 길게 이어졌습니다. 오죽하면 소가 풀을 씹는 소리가 멀리 떨어져 있는 저한테까지 들렸을까요.

그런 행동이 할배와 소에게는 너무나도 익숙할 테지만 저에게는 참 묘한 풍경이었습니다. 불과 50미터를 갈 뿐인데도 삼십 분 가깝게 걸렸으니까 말입니다. 지루하기가 이루 말로 다 할 수 없었습니다. 그렇다고 쪼르르 달려가서 할배에게 말을 걸 분위기도 아니었습니다. 할배의 모습은 하루를 정리하시는 것 같기도 하고 내일을 준비하시는 듯도 했으니까요. 곧 사색의 시간인 셈이지요.

그렇게 한 자리에 장승인 듯 서서 삼십 분 남짓이나 지났을 겁니다. 이윽고 돌아오시기 시작했습니다. 돌아오시는 길 또한 가실 때와 마찬가지였습니다. 늦은 오후, 산책을 갔다가 돌아오는 노부부처럼 이제 서로 묶을 만큼 묶어 별다른 말이 없어도 서로를 헤아리는 관계처럼 그렇게 걸어서 말입니다. 하긴 할배와 소는 열아홉 해나 같이 살았다니 그럴 만도 하지 싶습니다. 그런 경우를 몇 차례 겪고 난 다음 저 또한 한 자리에서 꿈쩍도 않았습니다. 할배와 소가 잘 보이는 곳에 자리 잡고 앉아 사진기를 꺼내 들고는 물끄러미 바라볼 뿐이었지요. 그렇게 겨울을 보내고 난 다음, 이듬해 봄이 되었을 때 할배에게 여쭈었습니다.

"할배요, 소를 끌고 가마 빨리 갔다 올 낀데 와 그래 천천히 갑니꺼?"
"뭐라, 와 이래 천천히 가노 말이제."
"소를 끌고 갔다 오마 빨리 갔다 올 낀데 할배는 맨날 소 가는 대로 따라댕기기만 하는 것 같던데예."
"봐라, 저것도 우리맨치로 말을 모 하이 짐승이라카는 기지, 사람하고 똑 같은 기라. 사람도 배고프마 밥 묵고 그래 하는데 저것도 배고프마 밥도 묵고 지 묵고 자븐 것도 무야지, 어데 사람만 지 묵고 싶은 거 무라카는 법이 있다나. 철따라 풀도 다 다르거든. 사람들도 안 그렇다나. 철마다 나는 기 다 다른데, 그라이 우짜노, 소도 지 물 꺼 찾아 묵는데 가마이 놔 또야지, 사람 맘대로 끌고 댕기마 되는가 어데."

어찌 백 년의 생각을 감히 따라갈 수 있겠습니까. 그 날 종일 머리가 지끈지끈 아팠습니다. 묵직한 둔기로 뒤통수를 한 방 얻어맞은 것 같았으니까요.

"저것도 배고프마 지 묵고 자븐 것도 무야지" 57

"뭐라카노, 손이 젤이라. 손발 멀끔한데 와 기계로 하노"

「장자莊子」 '천지天地'에 이런 이야기가 나옵니다. "자공子貢이 길을 가다 보니 어떤 사람이 논에 물을 대는데, 단지를 안고 우물에 들어가 물을 길어다가 논에 붓고 있으니 힘만 들고 효과가 없어 보였답니다. 자공이 '힘 들이지 않고 물을 쉽게 길 수 있는 기계가 있는데 왜 안 쓰는가?' 하니, 대답하기를 '기계를 쓰면 요령 부리고 싶은 마음이 생기고, 요령을 부리면 순수한 마음을 보전하여 도를 완전하게 할 수 없다. 기계가 있는 것을 모르는 것은 아니지만 수치스럽게 여겨 쓰지 않는 것이다' 했다"고 합니다.

이처럼 거창한 까닭 때문은 아니지만 할배 또한 기계를 쓰지 않으십니다. 가장 큰 연장(?)은 아마도 소일 테고 낫 너덧 자루와 숫돌 두어 개, 삽과 가래, 곡괭이, 종류별로 걸려 있는 호미, 크기별로 걸려 있는 도끼 두어 자루, 톱 그리고 지게 서너 개가 할배가 가진 연장의 전부입니다. 물론 봄이면 소가 어깨에 걸고 논을 고르는 써레도 있고 밭을 갈 때 쓰는 쟁기도 있을 테지만 가실을 거들며 본 것은 지게와 낫 그리고 곡괭이가 전부였습니다.

그 흔한 경운기조차 한 대도 없습니다. 요즈음 같은 철에 콤바인을 빌려 가실을 하면 하루에 할배 논 절반을 넘게 거둘 수 있겠건만, 할배는 여전히 손으로 쥘 수 있는 연장만을 가지고 논으로 나가십니다.

어느 날 할배에게 여쭈었습니다.

"할배는 와 기계는 안 쓰능교? 기계로 하마 편할 낀데……."

"뭐라카노, 손이 젤이라. 손발 멀끔한데 와 기계로 하노" 59

"뭐라카노, 손이 젤이라. 손발 멀끔한데 뭐 한다꼬 기계로 하노. 내가 뭐 공장맨치로 그래 농사를 마이 하는 것도 아이고 쪼매 하는데 고마 손으로 하지. 그라고 딴 집에 모내고 하는 거 이런 거 다 기계로 하는 거 보마 쉬버 보이기는 해도, 내가 그거 배울라카마 하세월 아이것나. 젊은것들도 그거 배운다꼬 고상하던데⋯⋯. 그라고 농사라카는 거는 손으로 해야 되는 기지, 기계로 하마 안 되는 기라. 사람 사는 일이라카는 기 손으로 해야 되는 것도 있꼬 기계로 해도 되는 것도 있꼬 그란데, 농사는 손으로 하는 기 맞는 기라. 나락이 어데 저절로 익나, 다 그거 키우는 사람 발자국 소리 듣고 익는 기라. 저기 아무것도 아인 거 가튼데 저것도 사람하고 한가지라. 사람을 어데 기계로 키울 수 있나? 사람 키울라마 사람 손이 마이 가야 하는 기라. 사람 손 마이 받고 큰 아이하고 안 그런 아이하고 안 다르더나. 아 키울라마 부모라카는 기 알라가 쪼매탈 때는 그저 붙어사는 기 젤이라. 저것도 마찬가지 아이가. 모 심가 놓고 비 오마 비 온다꼬 걱정, 안 오마 또 안 온다꼬 걱정, 빙들마 약 조야지, 이래저래 사람이 부지러이 돌봐야 하는 기라. 기계로 심가 놓고 모린 체하고 패대기쳐 놓고 한 분도 안 와 보마, 그기 될 일이가 어데, 안 된다. 기계로 한다케도 사람 손은 또 손대로 가야 하는 기라. 그라이 앗싸리 손으로 하는 기라. 그기 편한 기라. 안 그렇나? 그라고 니가 눈이 있으마 봐라, 내 논이 전부 조막디기만한데 그 큰 기계가 들어가기나 하겠나 말이다. 기계가 들어가가 삐대 뿌마 제우 농사 지 놓은 거 하루아침에 다 조지 뿐다 말이라."

참 고마운 이야기였습니다. 그 이야기를 듣고 난 때문인지 할배의 낫질에 운율이 있음을 뒤늦게 깨달았습니다. '퉤퉤' 하고 손에 침을 두어 차례 바르고 나면 들려오던 '쓱싹쓱싹' 하는 낫질 소리가 그토록 경쾌할 수 있음을 그 날 처음 알았습니다. 간혹 이름 모를 새 소리만 들려오는 한적한 산골에서 듣는 낫질 소리가 새 소리보다 더 아름다웠습니다.
　열다섯 살 때부터 논농사를 시작했다고 했으니 그것은 여든 해, 짧지 않은 농부의 세월이 고스란히 배어 있는 운율이었던 셈입니다. 그 긴 세월의 소리는 칙칙할 것 같지만, 천만에, 날렵하고 투명하기 그지없었습니다. 「악학궤범」의 머리글에 "악樂이란 하늘에서 나와서 사람에게 붙은 것이요, 허虛에서 발하여 자연에게 이루어지는 것이니" 하는 말이 실감나는 몸짓과 그에 따른 아름다운 소리였습니다. 가을날, 한적한 산골에서 사람의 아름다움은 그렇게 저에게로 왔습니다.

"니도 욕봤는데 새경은 주꾸마"

열 마지기가 넘는 논의 나락을 다 베는 데는 엿새쯤 걸렸습니다. 그리고 다시 나락을 펼쳐서 바짝 말리고 오늘은 드디어 정미소로 쌀을 찧으러 가는 날입니다. 나락은 마대 자루로 모두 마흔세 포대였습니다. 마당까지 정미소 트럭이 들어왔지만 실을 사람이 아무도 없었습니다. 마대 자루는 마당의 평상에 있으니 '그까짓 것' 하고는 겁도 없이 트럭 짐칸 위로 올리는 일을 자청했더니 결코 만만한 일이 아니었습니다. 땀을 뻘뻘 흘리며 다 싣고 나니 할배가 나타나셨습니다.

"다 실었나, 우옛노."
"예, 다 실었심더."
"다 몇 개더노, 마흔세 개 맞더나."
"예."

그런데 할배의 옷차림이 이상했습니다. 제가 마대 자루를 싣는 동안 할배는 옷을 갈아입고 나오셨는데 중절모에다 정장을 갖춰 입으신 것입니다. 더러 성주 장날에 장에 갈 때도 옷을 갖춰 입고 가는 것이 궁금했는데 이십 분 남짓 떨어진 정미소로 가는 동안 물었습니다.

"할배요. 정미소 가는데 뭐 이래 옷을 채리입고 갑니꺼? 그냥 일복 입고 가야지."
"어데, 그라마 되나. 일복은 집에서나 입는 기지, 사내가 집 밖으로 바겉출입을 할 때는 어데를 가더라도 옷을 갖차 입고 댕기야 되는 기라."

"그래도 일하로 가는데 할배마 그래 입으마 우짭니꺼."

"내가 뭐 정미소에서 할 일이 있던나. 그 가마, 사람들 다 있다. 그 사람들이 차에서 내라가 다 쩛이 주는데 뭐 일할 끼 있나 어데."

저는 할배의 그 말을 곧이곧대로 믿었습니다. 그러나 정미소에 다다르자 한창 바쁜 때라 나락·마대를 내려 준다는 일꾼들은 모두 이곳 저곳으로 나락을 실으러 나갔다며 한 사람도 얼씬거리지 않았습니다. 부부처럼 보이는 정미소 주인들도 등겨가루를 뽀얗게 덮어 쓴 채 눈코 뜰 새 없이 뛰어다니고 있으니 어쩝니까. 리어카를 가져와 저 혼자 그걸 다 내려야 했습니다. 그러고는 정미소 사장이 시키는 대로 한쪽에 쌓아 두는 제 꼴이 머슴이 따로 없었습니다.

그러나 할배는 마치 남의 일 구경 온 듯이 거들 생각이 추호도 없으신 것 같았습니다. 처음에 "저 갖다 노라카디나" 하시며 말을 붙이고는 마대 자루가 쌓이는 모습을 한 번 본 뒤로는 아예 뒷짐을 진 채 뒤돌아 서 계셨으니까요. 뭘 그리 보실 것이 많은지 할배는 마대를 다 내릴 동안 단 한 차례도 뒤돌아보지 않으셨습니다. 잠시 쉬는 틈을 타서 사진을 찍는데도 모른 체 발부리를 쳐다보거나 먼 산이나 나무에 앉은 새만 바라보고 계셨습니다.

"할배요, 다 했심더."

"그래, 힘 안 드나."
"아이고, 할배요. 사람 잡심니데이."
"그래……, 다 쩛이 가 차에 올릴 때는 저 사람들보고 하라카꾸마."

서너 시간이 지나자 나락은 쌀이 되어 포대에 담겨 있었습니다. 할배의 약속대로 뒤늦게 돌아온 정미소 일꾼들이 트럭에 실어 주어 한결 편했지만 문제는 그 다음이었습니다. 정미소 일꾼들은 마당의 평상에 쌀자루를 내려놓았고 그 사람들이 돌아가자 할배는 그것을 집 안으로 옮기기를 원했기 때문입니다. 아무리 등겨가 떨어져 나갔다고 해도 그 무게가 그 무게인데, 그렇다고 못 한다고 할 수도 없고 다시 집 안으로 옮겼습니다. 다리가 후들후들 떨리고 어깨는 욱신거렸으며 허리는 제대로 펴지도 못했지만 그렇다고 백 살 먹은 할배더러 하라고 할 수는 없는 노릇이었던 것이지요.
쌀자루를 다 옮겨 놓고 곤죽이 되어 평상에 걸터앉으니 며칠 전에 읍에서 할배 드시라고 사 온 건강 음료 하나를 불쑥 내미십니다. 그걸 받으며 슬슬 할배에게 농을 치기 시작했습니다.

"올 욕봤데이, 이거 하나 무라."
"저 많은 쌀을 다 우짭니꺼, 할배는 마이 묵지도 안 하잖아요."
"저거……, 인자 자슥들한테 농갈라 줘야지, 아부지라꼬 뭐 주는 기 있나. 이래 철 되마 농사짓는 거 쪼매씩 농갈라 주는 기지, 안 그렇나."

"나도 좀 줄 낍니꺼, 일을 이래 마이 했는데."

그러자 할배는 입을 굳게 다무셨습니다. 그러고는 딴청을 부리기 시작하셨습니다. 쌀자루를 다시 한번 헤아려 보시더니 옷도 갈아입지 않은 채 마당으로 나가서 설거지를 시작하셨습니다. 나락 마대를 덮어 놓았던 비닐 천막도 치우고 하루 종일 집을 비워 놨으니 소를 끌고 묵밭으로 산책도 다녀오고 하시더니 갑자기 마당 가녘의 돌담 근처를 뒤적이기 시작하셨습니다. "니도 욕봤는데 새경은 주꾸마" 하시면서 말입니다. 그제야 제 얼굴에 미소가 퍼졌습니다. 사실 새경을 달라고 한 것은 짐짓 응석을 부린 것입니다.

비록 제가 할배의 봄 농사를 거들진 못했지만, 늘 새벽같이 일어나 논으로 달려가고 느지막하게 일을 끝내고 나서 할배가 소와 함께 해거름 속으로 거니는 것을 바라본 것은 사실입니다. 처음에는 그것이 별 것 아니라고 생각했습니다. 그러나 할배가 농사를 대하는 모양을 되짚어보니 옛날에 천자天子가 춘분에는 동문東門 밖에 나가서 태양에 배례를 하고, 추분에는 서교西郊에 나가서 달에게 배례를 했다는 조일석월朝日夕月이나, 「서경書經」 '요전堯典' 편에 나오는 "뜨는 해를 공경히 맞이하여 봄 농사를 고루 다스리게 하고(寅賓出日 平秩東作)······지는 해를 공경히 떠나보내며 추수를 고루 다스리게 한다(寅餞納日 平秩西成)"는 빈출전납賓出餞納, 곧 하늘을 공경하고 때를 따라야 한다는 것, 바로 그것이었습니다.

요즈음 농사는 과학이라 할 만합니다. 그러나 할배의 농사는 하늘이었습니다. 태양과 달빛 그리고 이슬과 바람, 비와 사람이 동시에 일구는 농사라는 말입니다. 할배가 소를 끌지 않고 그저 붙들고 따라가기만 하시듯이 할배의 농사는 그저 하늘을 바라보는 기다림의 연속이지 싶습니다. 비록 어렴풋이 깨달은 것이긴 하지만 그만하면 나에겐 새롭고도 행복한 경험이었습니다. 그것만으로도 이미 새경을 넘치게 받은 셈입니다. 아니, 오히려 제가 수업료를 내야 마땅할 테니, 새경 운운한 것은 다만 재롱 삼아 괜한 응석을 부린 것이지요.

"봐라, 이거 이뿌제"

하지만 제가 헐겁게 친 농에 할배가 부담을 느끼셨던 모양입니다. 평소에는 농도 잘 치고 받곤 하시던 할배가 난감한 얼굴을 하고 계셨으니 말입니다. 계약금으로 홍시 세 알만 받고 보름 넘게 일했으니 할배가 먼저 주시겠다고 한 새경은 당연히 쌀일 것으로 짐작하고 있었습니다. 그런데 할배가 왜 호박넝쿨만 무성한 돌담 밑을 뒤적거리시는 건지 알 수가 없었습니다. 새경 받을 생각에 기분이 좋은 저는 할배가 돌담 밑을 헤집는 것을 신경도 쓰지 않았습니다. 아직 마당 설거지가 덜 끝난 것이라고 생각한 것이지요. 얼마간의 시간이 지나자 평상에 앉아 있던 저를 할배가 부르셨습니다.

"봐라, 이거 이뿌제?"
"그기 뭔데예?"
"이거, 호박 아이가."

토란잎만큼이나 큰 할배의 손에는 갓난 애기 머리통만한 호박 하나가 들려 있었습니다. 그 때 짐작했습니다. "아! 호박 하나가 보름치 내 새경이구나" 하고 말입니다. 과연 제 생각이 틀리지 않았습니다. 그것뿐이었습니다. 하지만 저는 그것만으로는 어림도 없으니 쌀을 한 말은 줘야 하지 않느냐고 짐짓 떼를 쓰기 시작하였습니다. 노사 분규가 일어난 것이지요. 할배는 또다시 난감해하시는 것 같았습니다. 쌀을 달라는 저와 호박 하나로 넘어가려는 할배 사이에 무지막지한 골이 파이는 중이었습니다.

먼 하늘을 바라보던 할배가 넌지시 제의해 오셨습니다. 쌀은 못 주겠고 호박 하나를 더 주면 안 되겠느냐고 말입니다. 할배 집에 드나들면서 이웃집 할매들한테서 들은 이야기가 있었습니다. 몇 해 전에 면사무소에서 마을에 가로등을 달아 준다며 골목마다 달았는데 할배 집이 바로 산 아래 있는 끝집이어서 마당 가까이에 있는 전봇대에 등을 달았다고 말입니다. 그런데 그 등이 문제였지요. 등의 방향이 논을 향해 있었던 것입니다. 밤새 불빛이 비치는 곳에 있던 벼들은 가을에 쭉정이만 남겼고, 그것을 보다 못한 할배가 면사무소에 이야기해서 기어코 가로등의 방향을 논 쪽이 아닌 길 쪽으로 돌렸다고 말입니다.

그렇게 쌀 한 톨까지 아끼시는 할배이니, 어느 날 불쑥 찾아와 일을 거들어 준다고 했던 저에게 쌀을 주실 리 만무이지요. 어림 반 푼어치도 없는 떼를 쓰다가 못 이기는 척하고 할배에게 좋다고 했습니다. 그랬더니 싱글벙글 돌담 곁으로 가셔서는 아까 것보다 훨씬 큰 것으로 호박 하나를 더 따 오셨습니다. 사실 따지고 보면 오히려 제가 할배에게 선물이라도 해야 할 일이었습니다. 보름 정도였지만 할배를 보며 배운 것이 하나 둘이 아니었기 때문입니다.

"자, 이거마 됐제. 이만하면 실한 기다, 이기. 이런 거 서울 가서 살라마 비싸데이."

"어데예. 서울 가마 그런 거 새뻬까립니데이."
"그런 거는 전부 약 치고 그랬다 아이가. 이거는 약 한 번 안 친 기다. 내 물라꼬 숨근 긴데 약 치겠나 어데."

제가 떼를 쓰는 바람에 괜히 미안해지셨는지 할배는 자신의 손에 들린 호박의 우수성을 강조하며 저를 꼬드기기 시작하셨습니다. 그러고는 대문간쯤에 만들어 놓은 미나리꽝에서 돌미나리도 한 움큼 뜯어 주십니다.

"난중에 또 온니라. 그라마 내 뭐라도 있는 거 마이 주꾸마."
"예, 됐십니더. 괜히 재롱 부리 본 깁니더."
"어데, 니 아이랐으마 저거를 우예 이래 빨리 했겠노. 올게 가실은 니 도움이 많다. 겨울게 온니라. 그라마 내 약낭구 해 놨다가 낄이 묵구로 주꾸마. 여 산에 전부 약낭구라."
"예, 알겠심더."

못내 미안해하시는 할배를 뒤로 하고 집으로 돌아오는 길, 자동차 안에는 할배가 뜯어 주신 미나리 향이 가득 차 있었습니다. 향기는 가만히 엎드려 있다가 차가 덜컹거릴 때마다 코끝에 전해졌으니 할배의 모습 또한 그러실 테지 싶었습니다. 늘 할배를 생각할 수는 없을 테지만, 같이 낫질을 하던 할배가 문득문득 내 앞에 나타나실 것 같았습니다. 비록 실상이 아닌들 어떻겠습니까. 허상일지라도 실상보다 더 생생할 텐데 말입니다.

고려의 문사인 이규보가 지은 시 중에 '신곡행新穀行'이라는 것이 있습니다. 햅쌀에 대한 노래인 셈이지요. 그 앞이 이렇습니다.

한알 한알을 어찌 가볍게 여기겠나
사람의 생사와 빈부가 달렸으니
나는 농부를 부처처럼 존경하건만
부처도 굶주린 사람은 살리기 어려우리
一粒一粒安可輕
係人生死與富貧
我敬農夫如敬佛
佛猶難活已飢人

비록 얼치기이지만 열 마지기가 넘는 논을 낫으로만 추수를 해 보고 나니 이제야 이 시를 노루꼬리만큼이나마 이해하게 되었습니다.

"그래……"

사실은 가실이 한창일 때 아흔네 살 된 할매가 돌아가셨습니다. 베어 놓은 벼를 말리는 틈을 타 잠시 서울에 다녀온 사이에 생긴 일입니다. 제가 다시 할배 집에 도착했을 때는 이미 장례에 쓰였던 하얀 국화 송이만 흩어져 있을 뿐 모든 일이 끝나 있었습니다. 제가 처음 찾았을 때 이미 병이 들어 있던 할매는 있는 듯 없는 듯 방 안에만 누워 계셨으니 두어 차례 인사만 드렸을 뿐이었습니다. 인사 받는 것조차 힘들어하셨던 까닭이었습니다.

마당을 지나 밤나무 가득한 언덕에 만들어 놓은 산소에 올라 인사를 드리고 마을 사람들에게 물었습니다. 그 날 할배가 어떠셨느냐고 말입니다. 제 눈에는 며칠 지났을 뿐인데도 할배의 모습이 너무도 태연자약했기 때문입니다. 마치 아무 일도 없었다는 듯이 말입니다. 마을 사람들의 대답은 덤덤하게 계셨다는 이야기부터 저쪽 한 구석에서 눈물을 훔치시더라는 이야기까지 가지각색이었습니다.

마당 한쪽에서 먼 산을 바라보시던 할배가 산책을 가는 듯이 할매 산소에 가시기에 뒤따랐습니다. 그러나 이내 돌아서고 말았습니다. 뒷짐을 지고 가시는 할배 새끼손가락에 닳고 닳은 은가락지가 끼워져 있었기 때문이었습니다. 제 눈썰미를 의심치 않는다면 그것은 분명 할매 손에 끼워져 있던 것입니다.

일흔다섯 해를 같이 사셨으니 오죽이나 할 말이 많겠습니까. 그 자리까지 따라가서 할배를 귀찮게 하고 싶지 않았던 것입니다. 산소에 다다른 할배는 향로를 붙들고 엎드리다시피 한 자세로 한참을 계셨습니다. 얼마간의 시간이 지나고 마당으로 내려오신 할배에게 넌지시 여쭈었습니다.

"할배요, 그 반지 할매 꺼 아입니꺼."
"이거, 맞다."
"그걸 와 할배가 끼고 있십니꺼."
"그래……."

할배는 또다시 먼 산을 바라볼 뿐 더는 말을 잇지 않으셨습니다. 하지만 할배의 침묵은 말을 그친 것이 아니었습니다. 다만 입을 다물었을 뿐 할배의 몸에서 절로 풍기는, 당신이 살아온 세월의 언어는 그칠 수가 없었던 것이지요. 서로의 시공간 속에서 일흔다섯 해를 함께 산 부부 중 한 분만 남았으니 어찌 이미 떠난 분을 향한 말을 그칠 수가 있겠습니까. 산소에 홀로 올라 말없이 상석을 어루만지고 봉분의 풀을 뽑고 돌을 골라내는 움직임은 행동이 아니라 또 하나의 언어였습니다.

그것은 할배가 할매에게 채 못다 한 말을 할 수 있는 방법이었을 것입니다. 그 날 저는 또 하나를 깨달았습니다. 그렇게 말없이 말을 할 때에는 백 살의 눈에도 눈물이 고일 수 있다는 것 말입니다. 눈앞에 펼쳐진 그 상식과도 같은 현실을 보며 저도 괜히 눈시울이 붉어졌습니다. 이 날 따라 말수가 줄어든 할배의 얼굴 또한 웃는 것도, 그렇다고 또 우는 것도 아닌 묘한 지경이었으니 제 마음은 더욱 짠했습니다.

"이기 내 집 아이가. 죽으마 갈 집이라"

가을걷이가 모두 끝나자마자 서울로 돌아온 저는 일상으로 돌아와 있었습니다. 그러나 예상대로 할배의 모습이 불쑥 떠올라 일이 손에 잡히지 않았습니다. 그러던 어느 날, 이것저것 팽개치고 밤을 도와 성주읍으로 달렸습니다. 늘 묵던 모텔에서 잠을 자고 경찰서 구내 식당에서 이른 아침을 먹고 작은동에 들어서자, 할매 산소 밑에서 일을 하고 계시던 할배가 깜짝 놀라십니다.

"니가 우얀 일이고, 밤에 왔다나. 집은 다 핀나 우야노?"

"예, 다 편합니다."

"너거 아부지가 내보다 스무 살 밑에라겠제. 그래 편안하시제?"

"예, 편하이 잘 계십니더."

"하모, 그래야지. 아직은 우쨌노, 또 경찰서 식당서 묵고 왔나?"

"예, 할배는 좀 쉬라카이, 올은 또 뭐 합니꺼?"

"이거 약낭구 아이가. 이래 쪼개가 읍에 장터 안 있더나, 그 안에 한약방에 안 갖다 주나. 그라마 알아서 돈 주니라."

"인자 바람도 찬데 뜨뜻한 데서 좀 쉬시지."

"우리 가튼 사람들은 가마이 있시마 병난다 말이라. 몸 씨던 사람들은 몸을 씨야지, 안 그라마 병나니라."

"벌써 마이 해 놓으신 거 보이, 올도 새벽부터 나와가 일하신 모양이네."

"아이다, 이기 어제부터 한 기다. 인자 묶아 놀라카는 기라."

"이기 내 집 아이가. 죽으마 갈 집이라"

"올도 날이 꾸무리하네요."

"안 그래도 올은 고마 할라꼬 저 밑에 있는 비니루 껍데기 가올라카는 길이다."

"어떤 거요, 내가 가오마 되지요."

"어데, 니는 여 있으라 고마. 내가 가와야지."

굳이 당신이 가신다기에 말리지 않았습니다. 일을 거든다는 것이 일을 빼앗는 것은 아니기 때문입니다. 그것도 할배와 가실을 하며 배운 것 중 하나입니다. 당신이 일을 하다가 딱히 도와 달라고 하시기 전에는 나서지 않는 것이 할배를 돕는 것이지요. 한참이 지났습니다. 곁에 있는 할매 산소에도 올라가 보고 잘라 놓은 나무도 가지런히 간추려 놓고 할 즈음에 할배가 천막에 가까운 '비닐 껍데기'를 질질 끌며 올라오셨습니다.

"할배, 올도 가다마이 입었네요. 내 올 줄 알고 있었던 모양이네."

"어데, 요새 맨날 이거 입는다. 된 일 아이마 이기 편하다 말이라. 단추도 몇 개 안 달렸고, 된 일 아이마 일복으로 입어도 시원하이 괜찮느라."

할배 말로는 양복에는 단추가 몇 개밖에 없어서 더우면 쉽게 열어젖힐 수 있으니 오히려 작업복으로 안성맞춤이라는 것입니다. 마대 자루 하나만큼만 담고 나머지는 천막을 펼쳐서 덮으십니다. 그러고는 마당으로 내려가실 줄 알았더니 연장을 챙겨 들고 할매 산소로 향하십니다. 별일도 없습니다. 늘 봐 오던 그대로 아무 말 없이 산소를 두어 바퀴 돌고 눈에 띄는 돌을 골라 내시고는 할매 봉분 옆에 있는, 좀더 작은 임시 봉분을 보며 말씀하십니다.

"니 이기 뭔지 아나? 이기 내 집이라. 인자 내 죽으마 이거를 파고 여다 내를 묻는 기지. 그라이 아즉 크게 안 해 놓고 요래 쪼매타이 해 논 기라."

"할배는 아직 돌아가실라마 멀었구만, 이런 거를 벌써부터 해 놓고 ……, 꼭 빨리 돌아가시라꼬 기다리는 것 같네. 나중에 하라카지 그랬어요."

"인자 나도 마이 안 살았나. 내가 여 성주군에서도 몇 손가락 안에 든다 안 카나, 나 많은 사람으로……. 군수가 나 많은 사람들 전부 모다 놓고 잔치를 한 번 벌있는데, 하! 벨사람 다 있데. 아는 사람도 있고 모리는 사람들도 있는데 내메이로 이래 농사짓고 하는 사람은 내뿐이라. 그래 군수고 읍장이고 전부 인사하고 안 그랬다나."

"그라이 아직 할배는 더 오래 살아야 한다 이거라 말입니다. 내년에도 논농사 또 할 낍니꺼?"

"아직 모린다. 모낼 종자는 따로 챙깄는데 그기 내 맘대로 되나 어데, 겨울 지내봐야 알지. 내라꼬 맨날 이래 일할 수 있겠나."

"그래도 할매가 이래 가까이 있으니까 좋네요. 일하고 이래 한번 보고 하이……."

"그래 말이라. 가차이 있으이 새벽에도 한 번 보고, 점심때도 한 번 올라오고, 저녁에도 보고 안 이라나. 너거 할배도 돌아가싯제, 묘를 어데다 썼노."

"선산인데, 대구 옆에 칠곡이라꼬 안 있십니꺼. 그짜서 쫌더 가마 됩니더."

"그래, 좋은 땅에다 모싯겠지."

그렇게 할배는 당신의 죽음을 덤덤하게 받아들이고 있었습니다. 당신이 돌아갈 집을 미리 마련해 놓고 날마다 그 곳에 올라 바라보시면서 말입니다. 서울로 돌아오는 길, 할배 생각은 사라지고 부모님 생각이 났습니다. 그러나 기억나는 것은 없습니다. 하도 생각이 많아 서로 얽혀 버린 탓입니다.

"여서 대구까정 안 걸어 갔디나"

찬바람이 불기 시작한 어느 날, 약속도 없이 불쑥 찾아들었습니다. 때로 사람 만날 때에 서로 약속을 하는 것은 그 만남에 대한 준비를 하게 하는 것과 마찬가지입니다. 시골에 사는 할배나 할매들을 찾아다니는 저의 오랜 버릇 중 하나는 결코 언제 간다는 약속을 하지 않는 것이지요. 그것이 그나마 그이들의 자연스러운 모습을 볼 수 있는 것이라는 믿음 때문입니다. 또 도시에서 인터뷰랍시고 유명인들과 약속을 정하고 시간 맞춰서 가는 일에 지치기도 했을뿐더러 미리 준비한 것 같은 반질거리며 천편일률적인 대답들에 넌덜머리가 나기도 하니 그저 불쑥 찾아갈 수 있는 상대가 한결 귀하고 고마운 것이지요.

이 날도 반 평 남짓한 책상에 앉아 원고를 쓰다가 불현듯 나선 길이었습니다. 어느 때는 책상이 넓고 편안해 보이기도 하지만, 또 책상 전체에 빼곡하게 가시가 돋친 것 같을 때도 있는 법이지요. 편하기만 했던 의자가 불가마를 달구는 뜨거운 숯덩이처럼 근처에 가지도 못할 지경이 되기도 하니까요. 아마 이 날이 그랬던 모양입니다. 무작정 길을 나섰다가 추풍령을 넘었습니다. 김천을 지나고 성주읍에 다다랐을 때는 이미 새벽이 깊었지만 라면에 김밥 한 줄을 먹고 자리에 누웠습니다.

이른 새벽에 일어났지만 할배도 찬바람 몰아치는 새벽부터 일을 하실 것 같지 않아 게으름을 부렸습니다. 오랜만에 장갑 한 타스와 할배 좋아하는 라면 한 박스를 사고 약국에 들러 건강 음료도 듬뿍 샀습니다. 든든하게 아침도 먹고 작은동으로 가는 길, 길은 여전합니다. 하긴 몇 달 지났다고 길이 달라지겠습니까마는 제 마음 속의 세월이 그만큼 길었던 모양입니다. 그 사실을 깨닫고 흠칫 놀라기도 했습니다. 정이라는 것이 무섭다는 것도 덩달아 깨달았으니까요.

아직 할배집 마당은 잠에서 깨어나지 않았습니다. 자동차 소리가 들리자 그제야 할배가 밖으로 나오십니다.

"이기 누꼬, 니가 우얀 일이고."
"예, 그 동안 잘 계싯습니꺼."
"하모, 내가 뭔 일 있을 끼 있나 어데. 니는 잘 있었다나, 어른들도 다 핀코. 아직은 우옛노, 경찰서 식당 요새도 하다나?"
"그라마예, 그서 밥 묵고 오는 길입니더. 어른들도 다 편하이 계십니더."
"그래……, 안으로 들어가자 춥다."
"됐심더. 인자 날 춥다꼬 일은 안하는 모양이네예?"
"어데, 요새도 일한다. 약낭구 안 하나. 저 우에 양지바른 데 안 있나, 그짜 해가 들마 안 하나. 아직 쫌 있어야 된다."
"그라마 금방 나올 낀데 여 있지예 뭐."
"그래, 그라마 내 요강 쫌 비우고 연장 챙기가 가자."

산골이어서 그런지 유난히 춥습니다. 그늘진 곳에는 얼음도 얼어 있고 서릿발도 곤두서 있었습니다. 할배도 모직으로 된 모자에 윗도리는 솜을 넣은 군대 야전 점퍼의 내피 같은 것을 걸치셨습니다.

"여서 대구까정 안 걸어 갔다나"

"인자 추워졌지예?"

"김장하고 나이, 그래 갑자기 춥네. 요 메칠 새에 얼음도 얼고 안 그랬나."

"오다 보이 길에도 응달진 데는 얼음 얼었던데예."

"그래, 올도 춥을 낀가 우얄 낀가. 그래도 바람만 안 불마 춥은 날씨는 아이라, 아직 쫌더 있어야 삼동 추위가 안 오나."

할배가 방으로 들어가더니 요강을 들고 나오십니다. 마당을 지나 김장배추 심었던 밭으로 가서 휙 하고 뿌리곤 큰 소리로 말씀하십니다. "이기 이래 해 노마 내년에 거름이 되니라" 하고 말입니다. 묻지도 않았는데 할배가 먼저 말을 하실 때에는 뭔가 쑥스럽거나 켕기는 것이 있을 때입니다. 날마다 요강을 그 곳에 비우셨을 것이지만 제 앞에서 비우는 것은 처음이거니 할배 마음이 좀 그러셨던 모양입니다.

연장을 챙기셨습니다. 큰 도끼 한 자루, 작은 도끼 한 자루가 전부입니다. 할매 산소에 인사드리고 할배를 뒤좇으니 바로 할매 산소 아래에 자리를 잡으십니다. 가장 양지바른 곳이라며 말입니다. 과연 아직 그늘이 드리운 곳도 많건만 할배가 앉은 자리는 눈이 부시도록 햇살이 따가웠습니다. 어제도 이 곳에서 일을 하셨는지 이미 나무가 이곳 저곳에 더미로 쌓여 있습니다.

"어제도 여서 일하싯는 모양이네."

"하모, 여가 딴 데보다는 따시거든."

"어제는 뭐 하싯는데예?"

"어제……, 산에 가가 약낭구 찾아가 끌고 내리와가 톱으로 크기 다 맞차가 이래 안 짤랐다나. 올은 어제 짤라 놓은 것들 도끼로 다 쪼개야 된다."

"저래 작은 걸 우예 도끼질을 합니꺼. 힘들겠는데."

"도끼질을 하는 기 아이고 아까 작은 도끼 안 가왔나, 그거를 낭구 우에 요래 놓고 큰 도끼 뒤로 때리는 기라."

"아이구 할배는 그라마 작은 도끼하고 망치를 가오마 될 꺼를 큰 도끼가 무겁어가 우째 하십니꺼."

"요래 끝에 잡으마 힘도 안 든다. 그라고 망치하고 큰 도끼하고 힘이 다리다. 또 큰 낭구 쪼개야 되는 것도 있고 안 그렇나."

"그라마 도끼를 더 가주고 오지예, 나도 하구로."

"내가 낫은 많아도 집에 도끼는 이기 전부라. 니는 옆에 앉아가 쪼개논 낭구나 간추리라. 이거는 아무나 하는 기 아이다. 기술이 있어야 되는 기라."

과연, 할배 말씀이 옳았습니다. 낫질이야 투박한 타자 소리가 나거나 말거나 힘을 쓰면 되기도 하는 일이었지만 나무를 쪼개는 일은 달랐습니다. 작은 나뭇가지를 세우고 그 위에 다시 작은 도끼를 올려 놓고 큰 도끼로 작은 도끼를 내려치는 일이 여간 까다롭지 않았습니다. 제가 하겠답시고 몇 차례 폼을 잡다가 할배를 크게 웃게 하는 꼴만 되고 말았으니 말입니다.

"봐라, 낫질하고 다리제. 이거는 해 본 사람이라야 하는 기라."
"예, 그렇네예. 할배는 언제부터 약나무를 했는데예."
"언제부터······, 그걸 내가 우예 알겠노. 옛날에 피죽도 못 물 직에 약낭구만 했나 어데, 나물도 뜯고 벨짓을 다 하고 살았제. 내 젊었을 직에는 약낭구하마 마대 자루에 담아가 대구 약전 시장 안 있나, 니 알제, 그까지 팔러 댕기고 안 그랬나. 나물은 자갈마당 그짝에 갖다 팔고 약낭구는 약전 골목에 갖다 팔고 그라마 읍에 있는 약방보다 쫌더 돈을 마이 주거던. 그라이 새벽밥 묵고 지고 나가가 대구 가서 팔고 저녁밥 물 때 오고 그랬다라. 약낭구할 때는 농사 끝났을 때이께네 겨울이라. 그러이 해도 짧고 그래가 새벽 별 보고 나가가 저녁 별 보고 오고 그랬던 기라."
"대구까지 그래 댕깃다 말입니꺼. 걸어서 아따 멀리도 댕기싯네. 우리 할배 고생도 마이 하싯다. 길은 우예 갑니꺼, 지금 있는 이 길로 갑니꺼?"
"어데, 여서 성주까지는 이 길로 가도 그 때 길이 이래 좋았나 어데. 소 구루마도 지대로 못 끌고 댕길 판인데. 그라이 성주까지 가서 그서부터는 우리가 댕기는 길이 따로 있었니라. 혼차 댕기마 힘드이 동네 사람 몇이 모이가 그래 댕기고 그랬니라. 요새는 버스 댕기고 그라이 퍼뜩 갔다 오지마는 옛날에는 가는 데 한 나절, 오는 데 한 나절 그랬다라. 신이라꼬 요새메이로 지대로 된 기 있나, 양말이 있나, 양말 대신에 포대기 거튼 걸로 발을 싸도 그기 뜨시나 어데, 겨울게 눈도 안 녹고 그래 있시마 죽을 고생이라. 발이 얼매나 시럽은지 너거는 말로 해도 모린다."

맞는 말입니다. 제가 어찌 할배의 세월을 이해할 수 있겠습니까. 겨울 눈길을 갈 적에는 요즈음으로 치면 붕대와 같은 것으로 발을 감싸고 그 안에 고춧가루를 넣고 가기도 했다는 할배의 세월을 말입니다. 그게 그나마 발이 시린 것을 막아 주는 최선의 방법이었답니다. 시뻘건 고춧가루가 발과 마찰을 일으켜 화끈거렸답니다. 또 그것이 발이 시린 것을 막아 주리라는 믿음을 지니고 살았던 할배가 지금 제 앞에 앉아 웃음으로 그 이야기를 전해 주고 계신 것입니다. 당신이 겪었던 시간들에 대해서 말입니다.

점심 먹을 시간이 가까웠습니다. 할배는 지게를 가지러 마당으로 내려가신답니다. 아침에 올라올 때 지고 올라오지 번거롭게 왜 일을 만드느냐고 하니까 그래도 몸을 자꾸 움직이는 것이 좋다는 말만 남기시고는 길섶에 있는 갖은 것들과 하늘에 있는 온갖 것을 참견하며 내려가십니다. 한참이 지난 뒤에도 오시지 않기에 무슨 일인가 싶어 단숨에 마당으로 내려섰더니 아직도 마당에서 마대 자루와 자루를 묶을 끈을 찾고 있는 중이셨습니다.

할배와의 관계 속에서 급한 것은 저밖에 없습니다. 할배는 오로지 당신의 속도로 움직이십니다. 그런데 묘한 것은 할배의 속도가 도시에 찌든 저에게는 느리게 보일지라도 자연 속에서는 결코 느리지 않다는 것입니다. 장 자크 루소가 그랬지요. "도시는 인류가 뱉어 낸 가래침이다"라고 말입니다. 인간들이 만들어 낸 연장이 넘쳐나며 다시 그것보다 기능이 뛰어난 연장들을 개발해 그것을 대체하여 문명이라는 이름으로 포장하면서 우리가 기다리는 것은 무엇일까요. 이미 편하지만 더욱 편리해지기 위해 우리가 가지는 것은 시간의 속도인 것이지요. 그러나 그 어떤 기계도 가지고 있지 않은 할배에게 속도란 무의미한 것일는지도 모릅니다. 당신에게는 오로지 제철이 있는 것이지요. 이맘때, 또는 하얀 찔레꽃이나 노란 들국화 필 때, 밤이 영글기 시작할 때와 서리 내릴 때 각각 해야 할 일이 있을 뿐인 것입니다.

드디어 할배가 지게를 지고 움직이기 시작하셨습니다. 그러나 고개를 숙인 채 사색에 젖은 듯 아무 말씀 없습니다. 이윽고 일하던 곳에 다다랐지만 지게만 벗어 놓고는 또 엉뚱한 곳으로 가십니다. 할매 산소였습니다. 갑자기 무슨 생각이 드셨는지 상석을 잡고 고개를 숙인 채 한참을 계시다가 첫 겨울을 맞이하는 봉분을 한 바퀴 돌며 지그시 바라보더니 지게 있는 곳으로 돌아오셨습니다.

그러나 아까와는 달리 아무런 말씀이 없습니다. 마대 자루에 쪼개 놓은 약나무만 담으실 뿐입니다. 저도 말을 걸지 않았고 둘 사이에 시작된 침묵은 마당으로 내려올 때까지 이어졌습니다. 할배는 마대 자루 하나를 지고 내려오시다가 할매 산소가 빤히 보이는 곳에서 지게를 벗고 다리쉼을 하십니다. 여느 때 같으면 훌쩍 한 번에 내려오실 거리인데도 말입니다. 아마도 서리가 솟구치고 얼음이 얼어 땅이 점점 차가워지니 안쓰러운 마음이 일기 때문이었겠지요. 제가 헤아릴 수 있는 것은 그것밖에 없습니다.

저녁은 할배가 점심때 먹고 남긴 김치찌개로 대신하고 나서 할배 냄새로 가득 찬 손바닥만한 방에 앉아 두런두런 이야기를 나누었습니다. 방에는 군불을 지피지 않았습니다. 대신 방 한가운데에 전기장판을 깔아 놓았을 뿐입니다. 군불을 지피려면 산에 가서 나무를 해야 하는데 이제는 기력이 딸리시기 때문이랍니다. 제 아무리 스위치를 넣는 순간 데워지는 전기장판이라 할지라도 방 안 공기를 훈훈하게 하지는 못하니, 밤이 깊어질수록 방은 썰렁해지기만 했습니다.

그만 일어났습니다. 할배는 일찍 주무셔야 하고 또 조금이라도 더 따뜻한 곳에 누워 계시게 해 드리고 싶었습니다. 방문을 열자 알싸한 공기가 밀려드는데, 하늘이 난데없습니다. 하얀 메밀꽃이라도 핀 것처럼 별이 가득이었으니까요. 이런 날은 걸어도 좋을 일이건만 자동차가 애꿎은 짐이 되어 버렸습니다. 다시 오겠다는 인사를 드리고 아스팔트 도로와 만날 때까지 제가 운전할 수 있는 가장 느린 속도로 움직였습니다. 그렇게 움직이면서 한 생각은 말하지 않으렵니다.

"올은 뭐 하십니꺼"

이듬해 봄이 되었습니다. 볕이 따뜻하여 게으름이 절로 피어나는 날이 이어졌습니다. 문득 '야인헌폭野人獻曝'이라는 고사가 생각났습니다. 송宋나라의 한 농부가 겨우내 목숨을 부지하며 곤궁하게 지내다가 봄철의 따뜻한 볕을 맞이하게 되었답니다. 그러니 봄볕이 아니 고마울 리 없는 이 농부가 자신만 그 볕을 받는 줄 알고 햇볕을 임금에게 진상을 하고 큰 상을 받고 싶다는 생각을 했다는 것입니다.

어처구니없는 이야기인 것도 같지만 봄볕은 생生과 활活의 기운을 지닌 것임을 잘 말해 주는 이야기이지 싶습니다. 그토록 활기차 있어야 할 계절에 날마다 게으름을 떨고 있는 것이 싫어 모내기를 할 즈음에 작은 동으로 불쑥 찾아드니 할배는 여전하십니다. 논 한쪽 모판에서 모를 찌고 있었고 논에는 물이 흥건합니다. 그러나 오늘은 논일은 제쳐두고 밭일입니다. 고추 모종을 심는 날입니다. 새벽 일찍부터 시작하셨는지 아직 해가 중천으로 가려면 멀었는데도 벌써 반쯤이나 심으셨습니다.

"할배요, 겨울에 잘 계셨십니꺼?"
"아이고 이기 누꼬, 니가 우예 왔노. 인자 오는 길이가, 아이마 어젯밤에 왔다나. 어제 왔시마 집에 와서 자지. 아직은 우쨌노?"
"어젯밤에 와가 아침은 읍에서 묵고 오는 길입니더."
"그래, 집에 어른들은 다 핀체?"
"예."
"하모, 그래야지."

"할배는 겨울에 우째 지냈심니꺼. 올해는 농사 안 한다카디, 저 밑에 논에 물 대 놓고 모판서 모도 찌고 있데예."

"내가 안 한다카더나 어데, 봄 돼 봐야 안다캤지. 종자는 받아 놨다 안 카더나."

"올은 뭐 하십니꺼?"

"고추 안 심나. 어제 장에 나가가 모종 사와가 인자 안 심구나."

"할배는 가을에나 지금이나 똑같네예. 건강하시지예?"

"하모, 이 좋은 산꼴 공기 마시고 사는데 뭐 나빠질 끼 있것나."

순간 할배의 눈가에서 한 방울, 출렁이는 눈물을 보았습니다. 아마도 반가움 때문일 것입니다. 자식들말고는 당신을 찾아 주는 이 아무도 없으니 저 같은 사람이 특이하기도 하고 반갑기도 하고 그러셨던 것이겠지요. 좀 거들어 드릴까 하고 말씀드렸더니 한사코 됐다고 하십니다. "봐라, 어데 손에 흙 아무나 묻히나. 함부로 그라지 말고 저짝에 가서 귀경이나 댕기다가 이따가 온나 고마" 하시면서 말입니다. 대신 오늘은 자고 가라는 말을 점심때도 되기 전부터 거푸 말씀하시니 아마 겨우내 외로움이 깊으셨던 모양입니다.

그리고 한결같습니다. 할배가 저를 반기시는 말이 말입니다. 언제 왔느냐, 밥은 먹었느냐 그리고 집안 어른들은 다 편하냐는 것이지요. 오랜만에 만나는 친구들 그저 서로 안부만 묻고 마는 저와는 다른 인사법입니다. 개인으로부터 가족에게로 그리고 가족의 최상층인 어른들의 안부까지 모두 묻는 것이 말입니다. 그것만으로도 지금의 우리가 얼마나 개인적인 존재가 되어 버렸는지 되새기게 됩니다.

지난 가을에 낫질을 하던 논을 한 바퀴 휘돌아 내려오니 어느덧 점심 때입니다. 자동차에 싣고 온 라면을 꺼내자 할배가 반색을 하십니다. 할배가 세상에 태어나 가장 맛있는 음식이 바로 라면이라니, 아이러니하지만 때로는 생활 환경이 입맛을 바꾸기도 하는 법이지요. 혼자 몸으로 후딱 해치울 수 있는 끼니로 라면만큼 간편한 것이 또 없을 테니 말입니다. 지난 가을에 라면을 끓이던 그 냄비는 나이테만 더욱 많아지고 굵어지고 선명해졌을 뿐 아직 그대로였습니다. 설마, 그 동안 서너 차례는 닦기야 했겠지만, 내 보기에는 여전히 땟자국이 덕지덕지 앉아 있었습니다. 오늘은 제가 냄비를 잡았습니다.

"할배요, 몇 개 끓이까요?"
"한 니 개는 끓이야 안 되것나."
"네 개요, 올은 식은 밥 없심니꺼?"
"어제 묵던 밥 있다. 라면 묵고 밥 말아 묵고 싶으마 말아 무라."
"모종은 올 전부 몇 주나 심는데예?"
"어제 사 온 기 전부 오백 준데 모지랄 꺼 같기도 하고……, 심가 봐야 알지. 니 차 타고 왔제. 모지라마 니가 퍼뜩 장터에 종묘상 안 있더나, 그 지름집 있는 큰 골목 말고 그 옆으로 안 있더나, 그 가가 사 오마 안 되나."

"예, 그라마 되지예. 모지라마 미리 말씸하이소. 그래야 퍼뜩 가가 사 오지예."

비록 라면과 김치 한 보시기가 전부일망정 할배와 저에게는 헬렌 니어링의 소박한 밥상보다 더 훌륭한 밥상이었습니다. 인스턴트 식품이면 어떻습니까. 반가운 사람끼리 반 년 만에 다시 만나 겸상을 했으니 그깟 화학 조미료는 그 기운에 기를 펴지 못하고 녹아 버렸을 것입니다. 할배도 두 개를 뚝딱 해치우셨고 서울에서 같으면 두 개를 담은 그릇만 봐도 질려 버릴 저이지만 게눈 감추듯이 먹고 또 식은 밥까지 말았으니 어찌 소박하며 행복한 밥상이 아니라고 하겠습니까.

그러나 여유도 잠시뿐입니다. 할배는 상을 물리자마자 다시 밭으로 향하십니다. 할 일이 그만큼 많기 때문입니다. 하지만 저는 이미 심어 놓은 모종 위에 물 주는 일을 거들 뿐 다른 일은 할 수가 없었습니다. 심은 모종을 고추대에 묶는 거라도 거들어 드리려 해도 "하지 마라 고마, 모 한데이. 그기 아무 데나 묶아가 되는 기 아이다. 정 할라마 저 빠게스 안 있나, 그게다가 물 떠다가 조리에 담아 갖고 심가 논 것들한테 물이나 줘라" 하십니다.

"예, 그런데 봄 가뭄이라카던데 모종을 이래 심어가 됩니꺼?"
"그래 말이라, 비가 안 와 큰일이라. 날도 날도 이런 날은 첨 본다카이 께네. 발모하고 빙에가 미칫는 모양이라. 인자는 비가 와야 될 낀데

······. 니는 모릴 끼라, 비 오는 거하고 이래 물 주는 거하고는 천지 딴 판이데이. 비는 쪼매만 와도 땅이 깊숙하이 젖는데 물은 아무리 이래 갖다 부어도 땅 껍띠기만 젖는 기라. 허 참, 희안하제. 갖다 붓는 물은 소용이 없어, 쪼매라도 비가 와야지······, 희한타카이."

"그란데 할배요, 발모하고 빙에가 뭔데예?"

"발모가 전에 어른들 말 들으마 가뭄 귀신이라, 그라고 빙에는 비 귀신이고. 그라이 농사짓는 사람들은 그런 귀신을 섬기는데 그것들이 바람 나가 딴 데 정시이 팔린 기지. 안 그라마 우예 이래 비가 안 오겠노."

"아따, 할배한테도 어른들이 다 있네예. 난 할배가 발모魃母하고 빙에라카는 거 듣고 깜짝 놀랬심더. 그런 거 아는 사람이 몇 없을 낀데예."

"하모, 내한테도 어른들이 있지. 그라이 내가 이 세상에 안 나왔나, 안 그라마 세상 귀경이나 할 수 있나 어데. 그라고 여가 동네가 이래도 옛날에 글 배운 선비들이 마이 숨어 살았거든. 그라이 마을 이름에 숨는 은隱 자가 안 들어가나. 여 울로 가마 동네가 좋니라. 저 우에도 심은이라꼬 마을이 하나 있었는데 인자는 사람들이 안 살지. 니 저 고개 만디이 안 가봤다나, 그가 심은이라, 깊을 심에 숨을 은이라 그기."

할배가 말씀하시는 빙에는 우사雨師인 병예屛翳를 말하는 것이었습니다. 사실 작은동은 세상의 부귀영화를 버리고 안빈낙도의 삶을 구하는 선비들의 은신처이기도 했습니다. 작은동 끝머리인 개티介峴 고개 근처에 지금은 사라진 마을이지만 심은深隱이라는 이름을 가진 곳이 있었습니다. 그 곳에 선비들이 많이 모여 살았다고 하니 발모나 병예와 같은 이야기들은 그들로부터 흘러나왔을 수도 있겠다 싶었습니다.

그 날 다행히 모종이 모자라지는 않았습니다. 저녁 먹을 때쯤 일은 끝났고 저녁은 지난 가을에 담은 김장 김치로 끓인 김치찌개였습니다. 김치냉장고도 좋긴 하겠지만 제까짓 것이 마당을 파서 묻어 놓은 김치 맛을 어찌 흉내내겠습니까. 투박하게 썬 돼지고기도 없고 두부조차 없어도 김치찌개는 맛나기만 했습니다. 상을 물리고 설거지까지 마치고 나니 어느덧 어두워졌습니다. 그런데 오늘따라 할배가 유난하십니다.

"자고 가라, 인자 가가 언제 서울까정 가노, 아랫방에서 내하고 자자."

그래도 가야 한다고 하니 두어 차례 말을 꺼냈다가는 집어넣으시고 대신 마당으로 나가서 돌미나리를 자르기 시작하십니다. 그러고는 국이든 찌개든 아무 데나 넣어서 먹으라고, 미리부터 넣지 말고 팔팔 끓기 시작하면 그 때 넣어서 미리 건져 먹으라십니다. 돌아섰습니다. 자동차에 타고 다시 인사를 드리고 떠나는 뒤에다 대고 할배가 소리치셨습니다.

"또 올 끼제."

"꽃아, 꽃아, 설워 마라"

고추 모종을 심던 날, 할배는 계속 무엇인가를 흥얼거리셨습니다. 들릴락 말락 혼잣말처럼 말입니다. 그러지 말고 큰 소리로 한번 해 보시라고 해도 막무가내였습니다. 그러나 그 소리가 들릴 때마다 쫓아가서 다시 한 번 크게 해 보시라고 떼를 쓰니 오후 느지막한 시간이 되어서야 겨우 고추 묶던 손길을 거두셨습니다. 그러고는 "내 함 해 보까" 하며 나를 쳐다보시더니 이내 작은동 골짜기에 할배의 노랫소리가 울려 퍼졌습니다.

으~~허~~~

이 사시절에 꽃 피고 잎은 좋은 봄아, 어~~~
이팔청춘~~에 좋은 봄아

"늙은 사람 소용 있나. 젊은 사람 춘삼월에 사시절에 꽃 피는 좋은 봄이 왔는 기라."

에~~~으
이팔청춘 꽃아, 꽃아 설워 마라
에이~~~
명년 춘삼월이마 꽃아, 꽃아 돌아오지마는
우리 인생은~~ 한 번 가마 언제 오나
(웃음)

"하마 그래……."

에~~~, 어이~~~

"그래 뭐 딴 거 없고, 나이 이래 드니까 고마 슬퍼. 그기지 뭐 딴 거 있나."

이~~허
에~~~ 으~~~

"압록강 백사장에 뽀얀 백사장에 보기 좋은 저 기러기 그제."

짝을 지어~~~
놀건마는 나는 이로이로 혼차 있나

    스스로 사설까지 넣어 가며 한 곡조를 끝내셨습니다. 할배 노래 잘 하신다고 박수까지 쳤습니다. 그러자 이게 웬일입니까. 할배가 한 곡 더 하시겠답니다. 그런데 흥미로운 것은, 곡은 그대로이고 가사만 다를 뿐인 것 같은데 할배는 전혀 다른 노래라고 우기시는 것이었습니다. 그러나 그건 아무래도 상관 없었습니다. 몹시도 구성진 할배 노랫소리를 또 들을 수 있으니까 말입니다.

"꽃아, 꽃아, 설워 마라"

젊어 놀아 늙어지믄 못 노니라
이팔청춘 소년들아
백발 보고 웃지 마라
나도, 나도 청춘이더니 허연 백두白頭가 되었구나
꽃아, 꽃아, 설워 마라

인생 나는 한번 가믄 언제 오나
꽃아, 꽃아, 설워 마라
명년 춘삼월이믄 돌아온다

"삼월 달이마 사월에는 돌아오거든, 꽃이 또……."

무정 세월은 년년이 오지마는
에이 이 내 인생은 한번 가마 언제 오나.

"슬퍼 이기, 어이."

제목이 뭐냐고 물어도 모르신답니다. 그저 노래만 부르면 됐지 제목 같은 거는 알아서 무엇 할 것이냐는 것이지요. 그러나 그 다음부터 할배에게 노래를 청할 때 내 마음대로 정해 놓은 제목을 불렀습니다. '꽃아, 꽃아, 설워 마라'라고 말입니다.

그 날, 저는 보았습니다. 두 곡을 연이어 부르곤 마지막에 "슬퍼 이기, 어이" 하며 눈물 훔치시던 할배를 말입니다. 노래가 끝났을 때 그저 참 잘하신다고만 했을 뿐, 더는 아무것도 묻지 않았고 호들갑을 떨지도 않았습니다. 그리고 할매 산소로 향해 가시는 할배의 뒷모습만 물끄러미 바라보았습니다.

밤늦게 서울로 돌아오는 자동차 안에는 때 아니게 진풍경이 벌어졌습니다. 음치에 박치인 제가 할배가 부르던 노래를 소리 높여 부르고 있었던 것입니다. 혼자였기에 망정이지, 누구라도 옆에 타고 있었다면, 그 날 제가 할배에게서 본 눈물처럼 제 눈에 맺힌 눈물 서너 방울을 들킬 뻔했습니다.

"뭐라, 내한테서 찔레꽃 냄새가 난다꼬"

도대체 그 노래는 어디에서 온 것일까. 몹시 궁금했습니다. 사실은 그것말고도 할배는 더러 노래를 흥얼거렸지만 그 중 '꽃아, 꽃아, 설워 마라'가 으뜸이었습니다. 노랫말이 당신의 지금 모습을 이야기하는 것 같아 부르는 사람도 또 듣는 사람도 만족도가 가장 높았으니 늘 그것만 청해 들었을 뿐이었지요.

고추 모종을 하고 돌아온 며칠 뒤, 할배의 눈에 얼핏 서렸던 눈물을 기억하며 책상에 앉았노라니 늦은 오후의 라디오에서 노래 한 곡이 흘러나왔습니다. 무심코 들으며 원고를 쓰고 있는데 불현듯 섬뜩했습니다. 온몸에 소름이 다 돋았습니다. 라디오에서 나오는 노랫말이 할배의 그것과 닮았기 때문입니다. 어떤 스님이 구성지게 부르던 그 노래는 꽤나 길었지만 귀 기울여 듣고 난 뒤 드디어 제목을 알 수 있었습니다.

그 노래는 "늙기도 섧은 중에 흥들이나 보지 마소 / 꽃이라도 쇠잔하면 오던 나비 아니 오고 / 나무라도 병이 들면 눈먼 새도 아니 앉고 / 금의錦衣라도 떨어지면 물걸레로 돌아가고 / 옥식玉食도 쉬어지면 시궁발치 버리나니 / 고대광실 좋은 집도 파락破落하면 보기 싫고 / 녹음방초 좋은 경景도 낙엽 되면 볼 것 없다" 운운하는 조선 시대의 가사를 요새 말로 옮긴 '백발가白髮歌'였습니다.

그러나 할배가 부르시던 노래는 그것 한 곡만이 아니었습니다. 주된 것은 '백발가'였지만 할배가 아는 노랫말을 모두 합치고 거기에다가 편곡까지 한 것이었습니다. 그런들 어떻겠습니까. 저는 할배가 그 노래를 흥얼거리시기만 해도 눈물이 어리는 것을요. 그만큼 할배의 소리는 작은동에서 으뜸 가는 것이었습니다. 오늘 할배의 그 노래가 또 궁금해졌던 게 틀림없습니다. 볼 일이 있어 해인사에 들른 김에 산 너머 할배를 다시 찾았으니 말입니다. 식전인 때문인지 할배는 마당을 서성이고 계셨습니다.

"할배요, 잘 계싯습니꺼?"
"하모, 하모, 니가 또 우짠 일이고……."
"할배가 또 오라 안 했는기요. 아직은 잡수셨십니꺼."
"하모, 나는 뭇다. 그래, 니는 우예 밥은 묵고 오는 길이가. 부러 오는 길이가, 아이마 딴 데 볼일이 있어 온 기가?"
"해인사 가서 어제 낮에 볼일 보고 밤에 올라카다가 할배 주무실 꺼 같에가 읍에서 자고 인자 오는 길 아입니꺼."
"그라마 어젯밤에 오지 그랬다나."
"올은 일하러 안 나가십니꺼?"
"와 인자 나가 봐야지. 저짜 맨 우에 있는 논 안 있더나. 그 옆에 골짜구에서 물을 끌어가 논에 대는데, 그기 자꾸 비끼지 갖고 물이 호스로 들어가지를 안 하는 기라. 그라이 논에 물이 안 들어오지."
"돌맹이로 단디 눌러 놓지 그랬어요."
"단디 해 놔도 그기 내 맘대로 잘 안 된다 말이라."

말이 끝나자 할배는 긴 자루가 달린 괭이를 하나 들고 마당을 나서십니다. 오월 들판에서 만나는 꿩 새끼들이 어미 뒤를 종종걸음으로 뒤따르는 것마냥 할배 뒤를 따랐습니다. 할배가 멈추면 따라 멈추고, 할배가 움직이지 않으면 저는 딴전을 피우며 들꽃을 찾거나 먼 하늘을 보며 열 발자국 남짓한 거리를 지켰습니다. 마땅히 나눌 이야기가 없어서도 그러려니와 때로 말없이 같은 길을 걸어 본다는 것이 별스러운 느낌이기 때문입니다. 멈칫 발길을 멈춘 할배가 두리번두리번 무얼 찾는가 싶더니 알아듣지 못할 혼잣말을 내놓곤 다시 움직이십니다. 할배가 멈추었던 자리에서 저 또한 두리번거려 보지만 할배가 무엇을 찾고, 또 보았는지 도무지 오리무중입니다. 그 꼴을 할배가 보신 모양입니다.

"와, 뭐 있더나. 작년에는 거게 빠알간 꽃이 핏는데, 올게는 안즉 나올 때가 안 됐나, 이파리도 안 보이고 꽃도 보이도 안 하네, 고마. 보이나, 안 보이제?"

"예, 안 보이네예. 나중에 때 되마 나오겠지 뭐, 무슨 꽃……."

채 말이 끝나지도 않았는데 어느 새 할배는 또 저만치 앞서 가고 계십니다. 그렇다고 어디를 가느냐고 물을 일도 없습니다. 빤한 산골이기에 그저 당신의 논배미나 한 바퀴 돌고 나면 끝날 것 같지만 오늘은 유난하게 더딥니다. 봄이 농익어 겨우내 움츠렸던 생명들이 죄 땅을 뚫고 올라오니 그들 하나라도 놓치지 않으려는 할배의 마음 때문입니다. 그것은 할배가 흙에 대해 가지는 해마다의 그리움일 테지만 또 해마다의 신선

함이기도 합니다. 생명이란 늘 보는 것이어서 너무도 익숙하지만 또 그만큼 신선한 것 찾기도 힘든 것이니까 말입니다. 이번에는 제가 찔레꽃 곁을 무심히 지나치시는 할배를 불러 세웠습니다.

"할배요. 이기 뭔 냄샌기요?"
"뭐……. 어데서 무신 냄새가 나나."
"할배가 지나가고 나이 뭔 꽃 냄새 같은 기 확 나는데……."

그러고는 얼른 달려가서 할배 몸에 코를 들이대며 킁킁거리는 너스레를 떨었습니다.

"와, 내한테서 무신 냄새가 나나, 와 이카노."
"할배한테서 찔레꽃 향기가 나네."
"뭐라, 내한테서 찔레꽃 냄새가 난다꼬. 무신 그런 일이 다 있노. 다시 잘 맡아 봐라. 꽃은 저짝에 있는데 냄새는 내한테서 난다카마 동네 개도 다 웃는다. 뭐가 잘못되도 한참 잘못된 기지, 안 그렇나 이 사람아……."

그렇거나 말거나 저는 산골짝에 그윽하게 넘쳐나는 찔레꽃 향기가 그저 할배에게서 나는 것이려니 생각했습니다. 평생 땀 냄새와 물 냄새 말고는 풍기지 않았을 할배의 몸. 더군다나 화장품과 같은 향기를 풍기는 그 어떤 무엇도 발라 보지 않았다는 할배 몸에서 찔레꽃 향기쯤이야 너끈하게 풍기고도 남음이 있다고 여겼습니다. 다시 너스레를 떨었습니다.

"보소. 할배한테서 나는 기 맞구만……, 잘 맡아 보소."
"뭐라, 사람이 실없기는……. 내한테서 냄새는 무신 냄새가 난다꼬 자꾸 그케 샀노. 고마 가자."

되돌아선 할배를 다시 뒤따랐습니다. 저는 할배한테서, 할배는 머리 위의 찔레나무에서 풍겨 오는 찔레꽃 향기를 맡으며 가는 동안 비로소 사람의 향기란 어떤 것인지에 대해서 어림짐작을 할 수 있었습니다. 코로 맡는 향기가 진한 사람일수록 사람의 향기는 적은 법이고, 사람의 향기가 강한 사람에게서는 코로 맡을 수 있는 향기가 아니라 마음으로 맡아야 하는 향기가 풍긴다는 사실 말입니다. 할배한테서는 마음으로 맡을 수 있는 향기만 났습니다. 어느 누구도 쉬이 가지지 못할 향기입니다. 일부러 가지려고 애를 쓰면 더욱 가지기 힘든 것이 바로 그것이지 싶었습니다.

어느 새 다다른 개울, 논에 대는 물이 호스로 잘 들어가도록 웅덩이를 깊게 파고 호스 주둥이를 끈으로 꿰어 흔들리지 않도록 나무에 묶기도 했습니다. 그러고는 또 논으로 가서 물이 잘 나오는지 확인하고 찔레꽃 그늘에 앉아 쉬기도 했습니다.

그렇게 종일 돌아다녔습니다. 같이 거니는 동안 할배는 툭하면 저녁 일을 물으시고는 했습니다. 언제 갈 것이냐는 것이지요. 그러나 일찍 대답을 하지 않았습니다. 그것은 할배 애를 태우려는 것이 아니라 일찍 실망을 드리기 싫어서였습니다. 늦은 오후가 되어 마당에 들어서자마자 할배는 다짜고짜 다시 물으셨습니다.

"자고 가나, 올 가야 되나?"
"오늘 갈랍니더."
"와, 자고 가지. 벌써 저녁답인데 이래 가리늦게 떠나가 언제 집에꺼정 가노. 저 아랫방에 불 너 놓고 내하고 같이 자고 가라 고마."
"아입니더, 금방 가는 데 뭐……."
"그래……, 가야 되마 가야지. 그라마 저짝에 가서 비니루 봉다리 하나 가온나. 줄 끼 뭐 있나. 미나리나 뜯구로."

그이는 마당 어귀에 있는 미나리꽝에서 벌써 웃자라기까지 한 미나리를 듬뿍 뽑아서 봉지에 눌러 담았습니다.

"이거 가주가서 퍼뜩 무야 된데이. 놔 뚜마 맛도 없고 냄새도 안 난다 말이라."

저는 속으로 말했습니다.

"아이고 할배요. 뭐를 그래 자꾸 줄라케샀는 기요. 할배 잡술 꺼도 없을 것 같구마. 우쨌던 간에 고맙십니데이."

하지만 겉으로는 "뭐 맛도 없는 거를 그래 마이 주능기요" 하고 말했습니다. 그러고는 돌아오는 자동차 안에서 혼잣말로 중얼거렸습니다.

"미나리에서 찔레꽃 향기 나겠네……."

"그거 쓴 사램이 누군지 몰라도 지대로 된 사램이네"

찔레꽃도 지고 궂은 장마도 끝났습니다. 사람들은 피서를 간답시고 이곳 저곳으로 나서고 저도 어디론가 가고 싶었습니다. 마땅히 갈 곳도 없는 주제에 말입니다. 성격이 모나서 사람 많이 몰리는 곳은 억만금을 준다 해도 싫어하는 탓에 관광지라거나 피서지라고 이름 붙은 곳은 질색이니 어디로 갈 것입니까. 고요한 곳에서 발이나 담그고 책이라도 읽을 수 있으면 좋을 텐데 말입니다.

두어 권, 책을 챙겨서 작은동으로 향했습니다. 마치 무슨 공식처럼 밤에 떠나 읍에서 잠을 자고 경찰서 구내 식당에서 이른 아침을 먹고 장갑과 라면 그리고 건강 음료를 사들고 말입니다. 오늘은 바쁜 길도 아니니 석탑 언저리에 잠시 앉았습니다. 그러나 한여름, 무지막지하게 쏟아지는 볕이 따가워 이내 일어서고 말았습니다.

작은동으로 향하는 산길은 호된 비에 상한 흔적을 고스란히 드러내 놓고 있었습니다. 저 또한 다르지 않았습니다. 얼마 전에 겪은 모진 일 때문에 받은 상처가 아낌없이 밖으로 드러나 있었으니까요.

그 때문에 더욱 조용한 곳을 찾았던 것인지도 모르겠습니다. 할배야 딱히 저를 방해할 일이 없는 분이시지요. 그저 당신 눈앞에 제가 어른거리는 것만으로도 혹은 밥 때가 되어 겸상해서 밥을 먹을 수 있는 것만으로도 좋아하시는 분이니까요. 그런 할배집 마당으로 들어섰건만 할배는 보이지 않았습니다. 장날도 아닌데 먼 길을 갔을 리 만무하니 냉장고에 들어 있다가 나와 아직 시원한 건강 음료 두어 개를 챙겨 들고 할배를 찾아 나섰습니다.

논이 이곳 저곳 흩어져 있어 두어 차례 치받이 길을 올랐다가 내려와 땀이 후줄근하게 흘렀지만 할배는 보이지 않았습니다. 그러나 저 멀리 소를 묶어 놓은 것이 보였습니다. 소 근처에 할배가 있고 할배 근처에 소가 있는 법이지요. 아니나다를까. 소가 있는 곳으로 올라서니 할배가 논두렁에 웃자란 덤불들을 베어 내고 계셨습니다. 김을 매시는 것입니다.

"할배요, 이 땡볕에 뭐 하십니꺼."
"하! 이기 누꼬, 그래 언제 왔디나?"
"인자 오는 길입니더."
"그래……."
"이거 하나 잡숫고 하이소."
"오야 그래, 안 그래도 낫이 안 들어가 숫돌 찾으러 갈라캤다."
"숫돌이 어데 있는데요?"
"저짝 저 소 있는 데 거 안 있나."
"내가 찾아오마 되지, 이거 드시미 쪼매 앉아 계시소."

후딱 뛰어가서 숫돌을 들고 와 할배 옆에 앉으니 이젠 물도 좀 가져오라십니다. 낫을 갈려면 물도 있어야 한다고 말입니다. 개울에서 물을 한 바가지 떠서 들고 오니 말없이 낫을 갈다가 불쑥 한 마디 하십니다.

"그래 이 덥은데 우예 또 왔노?"

"할배 보고 싶어서 왔지 뭐 딴 기 있겠십니꺼."

"그래……."

"요새는 무슨 일 하십니꺼?"

"요새는 빌 꺼 없다. 인자 피 뽑고 그런 기 전부지 뭐. 비 마이 올 때 걱정이 한 바가치지 뭐 딴 기 있나. 여 들어오는 길 봤제. 하이고 비도, 비도 무슨 비가 그래 오는지, 올게는 난리 버거지라. 생짜로 퍼붓는데, 하, 진짜 무섭데이."

"논은 괜찮심니꺼?"

"우리 논은 다 괘안타. 저 밑에 아스팔트 다 가가 골짜기 물 빠지는데 있는 논은 피해를 쫌 봤다카던데 나는 가 보도 모했다."

옛말에 농사짓는 것을 두고 '어정칠월 팔월동동' 이라 했으니 그 말 틀린 것 하나 없습니다. 음력으로 따졌을 테니 지금이 칠월인 셈입니다. 할배도 바쁜 것 없어 보이고 "하이 덥데이"만 연발하십니다. 개울 그늘에서 잠시 쉬다가 하시라고 해도 그늘에서 쉬면 더 하기 싫어진다며 마다하십니다. 다시 낫을 든 손에 침을 '퉤' 하고 뱉더니 불끈 낫을 움켜잡으십니다.

"할배요, 손에다 침은 와 뱉는데예?"

"인자 시작한다 이 말이라. 준비 됐으이 한번 해 보자 이기지."

"낫 또 가주온 거 있십니꺼, 나도 하지 뭐. 논두렁마 잘 보이게 하마

"그거 쓴 사램이 누군지 몰라도 지대로 된 사램이네" 113

되는 거 아입니꺼, 그런 거는 나도 할 수 있다 아입니꺼."

"아까 숫돌 가온 데 그 낫도 안 있더나."

"먼저 하고 계시소, 나는 낫 가주와가 시작하께예."

"그래, 그래라."

어느 새 저도 어슬렁거리며 걷고 있습니다. 시간이 지날수록 땡초처럼 약이 오른 더위가 여간 아니었기 때문이었습니다. 어쩌면 할배를 찾아와서 개울에 발 담그고 책을 읽겠다고 생각한 것은 핑계였는지도 모릅니다. 제가 저에게 대는 핑계였겠지요. 제가 가고 싶은 곳을 가면 될 것을 굳이 핑계를 대야 할 일도 없을 것 같은데 왜 그랬는지 모를 일입니다. 그러나 책 속에 들어 있는 것 못지않게 할배 곁에서 낫질하면서 배우는 것도 많으니 투덜거릴 일은 없습니다.

점심은 국수를 삶고 저녁에는 밥을 했습니다. 국수라고 해도 멸치 우려낸 국물도 없고 삶은 호박이나 오이채 같은 고명도 하나 없었습니다. 그저 마당에서 콸콸 쏟는 얼음같이 찬 지하수를 뜨고 국수를 말아서 양념장을 끼얹은 것이 고작이었습니다. 저녁에는 호박잎 삶아서 쌈 싸 먹으며 고추에 된장이나 듬뿍 찍어 간을 맞추는 것이 전부였지만 오늘도 여전히 산해진미 부럽지 않았고 수랏상에 견주어 못할 것 없는 밥상이었습니다.

상을 물리고 나서 마당에 모깃불을 피우고 평상에 앉아 부른 배를 두드리며 할배와 한참 동안 이야기를 나누다가 오늘은 자고 가겠다고 말씀드렸습니다.

"올은 여서 자고 가께예. 평상 여서 자마 됩니더. 모기장은 있심니 꺼?"

"그래, 여서 잘래. 생각 잘했데이. 모기장이야 있고말고. 방 안에 농 안 있더나 그 안에 있니라. 이짜 말고 저짝에 있는 방, 그 있데이."

갑자기 할배가 신이 나셨습니다. 평상을 외등에서 뚝 떨어진, 모기장 걸만한 나무들이 있는 곳으로 옮기고는 연신 "올은 비 안 온다"고 하시면서 말입니다. 모깃불에 마른 쑥도 얼마나 더 넣으셨는지 마당에 연기가 자욱해 눈도 못 뜰 지경이었지만 싫지는 않았습니다. 그러나 할배는 아홉시도 채 되기 전에 방으로 들어갈 채비를 하십니다. 평소 같으면 전기 값 아끼느라고 얼른 끄는 외등을 훤히 밝혀 놓으신 채 말입니다. 그렇게 해 놓으면 모기들이 밝은 곳으로 몰려가 나에게 덤비지 않을 거라는 것이지요.

긴 시간이었습니다. 새벽이 올 때까지 말입니다. 마당을 서성이기도 하고 랜턴 불빛에 책을 펼쳤다가 이내 덮기가 여러 번이었습니다. 책을 보느니 차라리 별이 총총한 하늘을 바라보는 것이 더 나았기 때문입니다. 부스럭거리는 소리에 눈을 뜬 것은 새벽 다섯시가 채 되지 않을 무렵이었습니다. 할배가 일어나 조심조심 마당으로 나오신 것입니다.

"일났나, 밥 무라."
"할배도 잘 주무셨습니꺼, 벌써 아침 자셨습니꺼."

"그래 나는 벌써 묵고 나오는 참이라. 뜨겁어지기 전에 일 쫌 해 놔야지."

"벌써 논에 가실라꼬예?"

"하모, 빨리 가야지. 올은 쫌 늦었니라."

참 부지런하십니다. 덥거나 춥거나 상관 없이 말입니다. 이부자리에서 몸만 쏙 빠져나오니 어젯밤 읽던 책이 그대로 펼쳐져 있습니다. 하필이면 '농부를 대신하여'라는 제목으로 지은 이규보의 '대농부음代農夫吟'이라는 시입니다. 앞부분만 얼른 다시 읽어 봤습니다.

비 맞으며 논바닥에 엎드려 김매니
흙투성이 험한 꼴이 어찌 사람 모습이랴만
왕손 공자들아 나를 멸시 말라
그대들의 부귀영화 농부로부터 나오나니
帶雨鋤禾伏畝中
形容醜黑豈人容
王孫公子休輕侮
富貴豪奢出自儂

논으로 나서려는 할배를 붙들고 시를 읽어 드리고 설명해 드렸습니다. 그랬더니 할배가 말씀하십니다.

"참, 좋네, 그거 쓴 사램이 누군지 몰라도 지대로 된 사램이네. 사람이라카마 농사를 알아야 되는 기라. 농사 없이 사람이 살 수 있나 어데, 못 사는 기라."

"안 심심컷나, 내가 심심으마 소도 심심은 기지"

물에 말은 밥을 마시다시피 먹고 이부자리를 개서 방에 넣고 모기장은 걷어서 한쪽으로 치워 놓은 채 할배 뒤를 따랐습니다. 할배가 집을 떠나신 시간이 제법 되었지만 외양간이 비어 있는 걸 보고 한숨 놓았습니다. 소와 함께 논으로 향했으니 할배의 걸음은 불을 본 듯 뻔한 것이지요. 아니나다를까, 할배는 멀리 가시지 못했습니다. 겨우 논으로 접어드는 치받이 길에 계셨습니다.

"와, 좀 더 자지. 마로 이래 새벽부터 따라 나왔노."
"그래도 할배 일하로 가는데 젊은 기 우째 잠을 잡니꺼."
"그래……, 나도 그랬니라. 어른들 일하로 가마 뒤에 쪼차 댕기니라꼬 짚신 신을 틈도 없었니라."
"옛날에 할배는 짚신 신고 댕깃심니꺼?"
"하모, 장개들고도 한참 뒤에나 벗었을 끼라. 그전에는 전부 짚신이지. 이 산꼴에서 신발이 뭐 있나 어데, 찔긴 풀껍띠기 거튼 거 있시만 전부 신 삼아 신고 댕깃지."
"직접 했심니꺼?"
"하모, 전에는 쪼매마 크마 지 신은 지가 삼아서 신지 누가 해 주나 어데."
"그란데 소는 뭐하러 끌고 가십니꺼?"
"이것도 집에마 있시마 안 심심컷나, 내가 심심으마 소도 심심은 기지. 그라이 내 일하는 데 델꼬 가마 소도 귀경도 하고 안 좋겠나."

"안 심심컷나, 내가 심심으마 소도 심심은 기지" 119

하긴 한 여름이라도 개망초꽃 하얗게 무리지어 피어 있으니 소로서는 소풍을 나온 것이나 마찬가지일 것입니다. 그러나 도시에서만 산 저로서는 할배가 소에게 그런 것까지 배려하시는 모습이 그저 놀라울 따름입니다. 마음이겠지요. 햇수로 열아홉 해를 같이 살았으니 적적하게 홀로 농사짓는 할배에게 소는 사람처럼 말을 나누는 벗은 아닐지라도 더없이 소중한 침묵의 벗일 것입니다.

치받이 길을 다 올라가자 갑자기 할배가 숨을 죽인 채 소에게로 조심스레 다가가십니다. 낫을 치켜드시고 말입니다. 무슨 일인가 싶어 저도 숨을 죽이고 바라보니 낫을 들고 소의 등짝을 내려치시는 것이 아닙니까. 화들짝 놀라 다가가니 낫을 뉘여서 소 등에 붙어 있는 쇠파리를 잡으시는 것이었습니다. 소는 연신 꼬리를 흔들며 등을 쳐 보지만 영악한 쇠파리는 소꼬리의 사정거리를 벗어나 있었으니 꼼짝없이 피를 빨리고 있었던 것입니다. 그놈들이 할배의 날카로운 눈매에 걸린 것이지요.

"이기, 가마이 놔 뚜마, 종일 피를 빤다 카이, 징그러븐 놈들이라."
"낫으로 그라다가 소가 다치기라도 하마 우짤라꼬 낫으로 잡심니꺼, 파리채 같은 거라도 가 댕기지."
"괘안타, 하도 마이 잡아 봐 놔서 소는 안 다친다. 연장 가 댕기기도 바쁜데 파리채를 우째 챙기가 댕기노. 손에 있는 거로 잡으마 그마이지."

하긴 할배의 말이 맞습니다. 일하러 가며 어느 세월에 파리채까지 챙기겠습니까. 윙윙거리며 날아다니던 쇠파리를 몇 마리 마저 잡고 난 다음 대나무밭 아래 하얀 개망초가 가득 핀 곳에 풀 몇 포기 그러잡아 말뚝처럼 만들고 소를 묶으셨습니다. 그제야 할배 마음이 편해지신 모양입니다. 그래도 논으로 가면서 할배는 자꾸 뒤돌아 보셨습니다. 소가 도망치는 것을 염려하는 것이 아니라 소가 꼬리를 흔드는지 보시는 것이라고 했습니다. 소가 꼬리를 힘차게 흔들면 틀림없이 쇠파리가 붙은 것이니 여차하면 다시 내려와 그놈들을 때려잡으실 참이었던 것이지요.

농사짓는 사람들 누구나 그렇겠지만 할배만큼 소를 사랑하는 이들도 그리 많지 않을 것이라는 생각이 들었습니다. 아마 소도 그걸 알겠지요.

"안 심심컷나, 내가 심심으마 소도 심심은 기지"

"니 올 꼭 올라가야 되나"

오늘따라 할배가 유난히 새벽부터 벌써 저녁 일을 걱정하십니다. 추풍령 길도 들먹이고 아무리 하늘을 올려다봐도 그렇게 많이 올 비는 아닌 것 같은데 엄청 쏟아질 것이라고 엄포도 놓으시면서 말입니다. 무슨 까닭인지 그렇게 오고가도 밤길 위험하다는 말 한 번 없으시더니 갑자기 밤길에 비까지 내리면 위험하다십니다. 그래도 제 대답이 신통치 않으면 고개 숙인 채 한참을 걸어가시다가 먼 산 한 번 바라보고는 불쑥 다시 묻곤 하셨습니다. 정말 가야 하느냐고 말입니다.

저는 줄곧 오늘 밤에 꼭 가야 한다는 입장을 굽히지 않았습니다. 그러자 할배는 아예 뒤돌아서서 묶어 놓은 소를 힐끗 쳐다보시고는 저와 눈조차 마주치지 않을 셈으로 땅만 쳐다보십니다. 그러더니 흥얼흥얼 콧노래를 부르며 논으로 향하셨습니다. 제 손에도 낫은 들려 있었지만 할배와 좁은 논두렁에 마주 앉아서 뒷걸음치면서 괜히 말을 붙였습니다. 모내기할 때 노래는 뭘 불렀느냐 아니면 장가는 어떻게 갔느냐 또는 일제강점기에 피해는 많이 보지 않았는지 따위를 물었습니다.

할배는 별걸 다 묻는다 하시면서도 대답하시지 않는 것이 없었고, 한 가지를 물으면 그 대답이 긴 것은 지루할 정도로 삼십 분을 훌쩍 넘기기도 했습니다. 아마도 말동무가 없었던 때문이겠지요. 더구나 당신의 지나간 세월에 대해 그 누구도 관심을 가져 주지 않았을 테니 봇물이 터진 것입니다. 아예 낫을 놓고 퍼질러 앉은 채로 이야기가 이어지곤 했으니 일을 하러 나온 것인지 할배의 소처럼 소풍을 나온 것인지 잘 구분이 가지 않았습니다.

그렇게 할배와 함께 피를 뽑고 논두렁을 다듬던 저는 뒤늦게 할배가 새벽부터 밤일을 걱정하신 까닭을 깨닫곤 슬며시 웃음을 머금었습니다. 그것은 하루 더 자고 가라는 말을 차마 밖으로 내놓으시지 못하는 외로움이었습니다. 일기예보에도 5밀리미터밖에 내리지 않는다는 비를 핑계로, 밤길이 위험하다는 구실을 찾아 붙들어 놓고 싶으셨던 것이었지요. 하지만 백 살 먹은 경상도 사나이 자존심을 구길 수 없으니 밖으로 말을 내놓으시지 못한 것입니다.

과연 늦은 오후가 되자 가랑비가 내리기 시작했습니다. 할배가 좋아하시는 라면으로 저녁을 먹고 나자 조금 굵어지긴 했어도 걱정할 정도는 아니었습니다. 그렇지만 저는 걱정을 내놓기 시작했습니다. 하필이면 밤길에 비까지 내리느냐고 말입니다. 혼잣말처럼 밖을 내다보며 투덜거리기도 하고 뒤 마려운 강아지처럼 안절부절하며 마당으로 들락날락거리다가 할배에게 "올 하루 더 자고 가야 되겠심더, 재와 줄랍니꺼"라고 했습니다. 당연히 대답은 "하모, 올은 비가 오이 밖에서 자도 모하고 내하고 여서 같이 자자"라는 것이었습니다. 그 날이 할배와 잠을 잔 마지막 밤이었습니다.

"잘 가거래이"

다음 날 새벽, 촉촉하게 젖은 땅을 기대하며 방문을 열었건만 어처구니없게도 하늘은 흐리기만 할 뿐이었습니다. 어젯밤 비는 몇 방울 뿌리다가 만 마른비였던 모양입니다. 할배는 벌써 일어나 아침을 지어 놓으시고 마당에서 낫을 갈고 계셨습니다. 아마 할매 산소에도 다녀오셨을 것입니다.

"인자 일났나. 퍼뜩 밥 무라, 묵고 가야지."
"할배는 벌써 자싯십니꺼?"
"하모, 나는 벌써 했다. 상에 있는 거 고대로 무마 되니라."

밥상에는 채 식지 않은 된장찌개가 있었습니다. 먹는 둥 마는 둥 상을 물리고 마당으로 나가니 할배는 벌써 논으로 올라갈 채비를 하고 기다리고 계셨습니다.

"인자 가도 안 늦겠나?"
"예, 부지런히 가마 될 낍니더."
"그래, 그래도 밤에 가는 것보다는 나을 끼라. 운전 조심하고 어이."
"예."

챙길 것도 없이 가방 하나 둘러메고 할배에게 인사를 드렸습니다. 이제 또 언제 올지 모르겠다고 말입니다. 어쩌면 올 가실에는 오지 못할 것 같다고도 말씀드렸습니다. 할배도 덤덤하십니다. 묵묵히 하는 말 다 들으시더니 "잘 가거래이" 한 마디 하고 돌아서십니다. 어제는 괭이 삽을 지팡이로 삼으시더니 오늘은 지게 작대기를 짚으시고 말입니다.

그 새벽이 마지막이었습니다. 그 날 이후 몇 년 동안 더는 할배를 찾아가지 않았습니다. 한참 뒤에, 2005년 여름, 다시 작은동에 갔지만 멀리서 보니 할매 산소 곁 자그맣던 봉분이 불쑥 커져 있었습니다. 할배가 늘 "저기 내 집이라" 하시던 곳으로 들어가신 것이지요.

그나마 다행이었던 것은, 나라 안 폐사지를 들쑤시고 다니던 때라서 자동차 안에 늘 향이 실려 있었던 것입니다. 화려한 전각들 사라진 절터에서 부처를 향해 향을 살랐듯이 할배 산소 앞에 두어 자루 향을 사르고 부처에게 그랬듯이 절을 했습니다. 두 차례였을 뿐이지만 엎드린 몸은 쉬이 일으켜지지 않았습니다.

그러곤 늘 할배가 할매 산소 앞에서 그러셨듯이 멍하니 앉아 있었습니다. 그렇다고 눈물이 흐르지도 않았습니다. 그저 담담할 뿐이었습니다. 얼마나 있었을까, 돌아서서 내려오면서 나지막이 할배께 말씀드렸습니다. "할배요, 잘 가이소, 좋은 데 가 계시마 나중에 또 찾아갈 끼구마" 하고 말입니다.

2
사진으로 하는 이바구

작은동으로 가는 길에 받은 뜻밖의 선물입니다. 길은 길답게 굽이졌습니다.
거기에다가 포장까지 되지 않았으니 날리는 흙먼지와 덜컹거림에
자동차마저 신이 나 뒤뚱거립니다. 이 길로 하루에 네 번, 버스가 지나다닙니다.

정거장 팻말도 없는 곳에 버스가 서고, 그 곳에는 행여 버스 시간 놓칠세라 벽걸이 시계를 세워 놓았습니다. 비 맞지 말라고 차양까지 만들었으니 그 정성이 여간 아닙니다.

작은동鵲隱洞, 까치가 숨어든 마을이라는 뜻입니다. 오죽 깊은 산골이면 그런 이름이 붙었을까 싶었습니다. 곁에는 페인트가 벗겨진 4H운동 표지석이 아직 버젓합니다.

문상의 옹입니다. 장화를 잘라서 만든 신발하며 보자기를 둘둘 말아서
질끈 두른 허리띠와 제대로 여미지 않은 윗도리가 눈길을 끌었습니다. 그러나 정작
제 눈길 머문 곳은 할배의 손입니다. 크기와 굵기가 무척이나 매력적이었습니다.
열다섯 살 때부터라고 하니 어언 팔십 년 세월을 농사지은 손입니다.

며칠 동안 날씨가 궂었습니다. 생량머리여서 투명한 가을 햇살이 쏟아지면 싶었지만 흐린가 하면 비가 흩어지는 날이 이어졌습니다. 걱정이 한 아름인 할배가 논을 둘러보고 내려와 갑자기 들이닥친 저를 보고 물으십니다. "집은 다 핀체, 어른들도 다 편안하시고……?"

할배와 함께 나락이 여물어 가는 논 구경을 다녀왔습니다.
집으로 돌아온 할배가 불쑥 마당 가녘에 있는 감나무 아래로 가시더니 심각한 얼굴을 하곤
잘 익은 홍시 몇 알을 찾으십니다.

홍시를 찾은 할배의 미소가 압권입니다. "감, 이거 달데이" 하며
따 주셨지만 정작 저는 홍시에는 관심이 없었습니다. 어떻게 하면 나이 들어서도
저토록 천진한 미소를 머금을 수 있을까 하는 생각이 앞섰습니다.

할배 손에 들린 홍시는 할배가 가실이라고 말하는 가을걷이를 거들어 드리고
받을 제 새경의 계약금에 해당하는 것입니다. 왜냐하면 할배가 "이거 가주가가 묵고
꼭 내려오너래이"라고 하셨기 때문입니다.

저녁이 되어 어둑해졌을 무렵 또 지난번과 같이 비가 내렸습니다. 할배는 "설거지 하자"라며
마당 이곳 저곳을 정리하기 시작하십니다. 일하느라 너저분해진 마당을 깔끔하게 정리하는 것이
마당 설거지랍니다.

드디어 나락을 베러 가는 날입니다. 낫 서너 자루, 폭 넓은 비닐,
그리고 끈과 숫돌이 짐의 전부입니다. 제가 지게를 지겠다고 해도 굳이 당신이
지고 가시겠답니다. 그런데 할배가 논에 가면서 양복을 입으셨습니다.

오전 내 나락을 베고 집에 내려와 라면으로 점심을 먹고 나니 잠시
볕이 들었습니다. 할배는 '가다마이' 라는 일본 말을 쓰면서 생각보다 양복이
일복으로 편하다고 하십니다. 그러나 알고 보니 제가 사진을 찍는다고
부러 챙겨 입은 것이었습니다.

점심을 먹고 잠시 앉아 쉴 틈도 없이 다시 일하던 논으로 향하던 할배가
갑자기 낫을 잡은 손에 침을 '퉤' 하고 뱉으십니다. 뭔가 마땅찮은 것이 눈에 띈
모양입니다. 오 분 가까이 근처의 나락을 베어 한쪽으로 뉘어 놓고는 다시
가던 길을 가십니다.

왜 그러냐고 여쭸더니 나락이 너무 익어서 미리 벤 것이라고 하십니다.
저도 평소에 길 다니면서 길섶에 있는 많은 것들 참견하고 다니지만 할배한테
견주면 조족지혈입니다. 할배와 함께 가는 길, 단번에 목적지로 수월하게
갔던 적은 한 번도 없었으니까요.

다시 날은 흐려지고 어느덧 늦은 오후가 되었습니다. 새참으로 국수라도 한 그릇 먹으면 좋겠다 싶었지만 꿈도 꾸지 못할 처지, 할배도 지치시고 저도 지쳤습니다. 그러나 논두렁에 잠시 엉덩이 붙일 새도 없습니다.

담배 끊은 지 칠십오 년이나 되었다는 어른 곁에서 담배 한 대 피울
참의 여유도 부릴 수 없이 일은 쉬지 않고 이어졌습니다. 할배가 베어 놓은 나락을
논 한쪽에 쌓기 시작하십니다. 비가 올 것만 같아 서둘러야 해서입니다.

여전히 할배의 스타일은 매력적입니다. 양말도 신지 않은 채 맨발에 고무신,
내복과 바지를 걷어 올린 모습이며 허리끈으로 묶은 보자기가 삐져나온 것이며
내복 위에 걸친 양복 윗도리는 논에서는 보기 힘든 추수 패션입니다.

그러나 할배는 양복 윗도리가 일복으로도 손색이 없다고 하십니다.
다른 옷들과는 달리 앞여밈이 시원하고 단추도 하나만 채우면 그만이어서
편하다고 하십니다.

드디어 할배가 윗도리를 벗으셨습니다. 부지런히 나락을 나르느라
흐린 날에도 땀이 나기 시작한 것이지요. 나락을 베고 그것을 또 단으로 만들어
묶고 다시 한곳으로 날라서 낟가리를 쌓아야 하니 그러실 만도 합니다.

나락이 처음보다 많이 쌓였습니다. 저도 부지런히 나르며 틈틈이
사진 찍은 것이니 탓하지 마시기를. 나락을 나르다가 문득 왜 할배의 뒷주머니는
한 번도 안으로 들어가 있는 적이 없을까 궁금해졌습니다. 할배에게 여쭸더니
"와, 뒷주무이가 나와 있다나"면서도 아랑곳하지 않으십니다.

할배의 얼굴에 지친 표정이 역력합니다. 낟가리를 쌓지 않아도 될 것을
밤새 비가 올지 몰라 두 번 수고를 하시는 것입니다. 야무지게 덮어야 비가
들이치지 않는다시며 나락을 벨 때보다 오히려 갈무리할 때가 더 신중한
모습입니다.

오늘 벤 나락이 이만큼입니다. 콤바인이라는 기계로 하면 십 분이면 될 일을
하루 종일 걸려서 한 것입니다. 그러나 할배의 논에는 기계가 올라오지도 못할뿐더러
할배에게는 낫보다 익숙한 그 무엇은 없는 듯합니다.

바람에 날리지 않도록 논흙을 서너 무더기 떠서 눌러 놓으시고 손에 든 지게 작대기로 행여 나락이 쓰러질까 받쳐 놓으시니 하루 일이 끝났습니다. 저는 태어나서 처음 나락을 베어 봤습니다. 허리가 아플 줄 알았는데 다리가 부실한지 오히려 허벅지가 아팠습니다.

어느 새 신발까지 벗어 버리신 할배의 모습이 멀어질 때까지 저는 물끄러미 그 뒷모습을 바라보고 있었습니다. 백 년 세월이 저토록 꼿꼿할 수 있다니 경이롭기만 했습니다. 그 모습은 제가 지금껏 본, 참 아름다운 모습 가운데 으뜸과 버금을 다툴 만한 장면 중 하나였습니다.

집으로 돌아오는 길, 무슨 까닭인지 지게를 절대 저에게 주지 않으십니다.
종일 나락을 베느라 지치셨을 텐데도 말입니다. 그러나 할배에게 쉼이란 움직임보다
더 어색한 것일지도 모릅니다. 아니면 농사라는 것 자체가 그런 일일지도
모릅니다.

하루가 지나자 다행히 볕이 들었습니다. 산골은 고요하기만 하고 소리 없이 다가온 가을볕이 찬란하도록 아름다웠습니다. 그 속에서 할배와 둘이 나락을 벨 때마다 나던 소리를 아직도 잊지 못합니다. 제 삶에서 손꼽을 만하게 아름다운 소리였으니까요.

쓱싹쓱싹, 할배의 낫질에는 운율이 있지만 제가 하는 낫질은 군대 가기 전 처음 타자를 배울 때처럼 '투다닥' 거리기 일쑤였습니다. 그런들 어떻습니까. '투다닥' 소리와 함께 전해 오는 손맛은 전율을 일으키기에 충분했으니 말입니다.

벌써 삼십 분이 지났는데 할배는 허리 한 번 펴지 않으십니다. 이럴 때는 간혹
사진 찍는답시고 낫을 놓고 있는 제가 괜히 민망합니다. 입으로는 연신 거친 숨을
고르시지만, 저는 압니다. 할배는 결코 무리하지 않으신다는 것을 말입니다.

드디어 할배가 낫질을 멈추셨습니다. 그러고는 허리를 펴지만 자세가
영 시원치 않습니다. "할배요, 좀 쉬었다 하지요." "그래……." "올은 힘듭니꺼."
"올은 디네, 날도 따갑고." 가까이 다가가니 할배 옷에 땀이 흥건합니다.

잠시 허리를 굽힐지언정 결코 일하다 말고 앉는 법이 없으신 할배,
그건 당신이 팔십 년 논일을 하시면서 터득한 지혜일 것입니다. 앉으면 눕고 싶고
누우면 자고 싶을 테니 아예 앉아서 쉬지 않는 것입니다.

벌컥벌컥, 작은 물통에 있는 물을 단숨에 들이켜더니 개울에 가서
또 한 통을 떠 오라고 하십니다. 그것마저 깨끗하게 비우고 나서 다시 낫을
잡으십니다. 힘이 든 만큼 배도 고프겠지만 새참을 해 올 사람은 없습니다.

어슬렁어슬렁, 다시 나락 속으로 들어간 할배의 낫질은 경쾌하기만 합니다.
그런데 갑자기 "올은 국수 삶아 무까, 라면 낄이 무까"라고 하시는 것을 보니
어지간히 배가 고프신 모양입니다. "라면 묵지요." "그래……."

배가 고프다면서도 서둘러 내려갈 생각은 않고 또 참견이십니다.
가까이 다가가서 보니 할배는 나락을 옮길 때 떨어진 이삭을 긁어모으고 계십니다.
낟알 한 톨이라도 할배에게는 소중하기 짝이 없는 것입니다.

제가 앞에 가서 아무리 꼬드겨도 꿈쩍도 않고 구슬려도 소용 없지만 할배의 "쯧쯧" 소리 한 번이면 대번에 움직이는 놈이 이놈입니다. 비록 일을 하느라 비쩍 말랐어도 할배의 농사법에 이놈은 없으면 안 될 귀한 놈입니다.

할배는 결코 소를 채근하거나 닦달하시는 법이 없습니다.
제 하는 대로 놔 둘 뿐입니다. 그 곁에서 당신은 그저 묵묵히 기다리기만 하십니다.
묶어 두고 돌아서도 될 텐데 굳이 그렇게 하시는 까닭을 나중에야 알았습니다.

어느 한 곳에 말뚝을 박고 묶어 두면 외양간에 있는 것보다 조금 더
자유로울 뿐 다를 것이 무엇 있겠느냐는 것이 할배의 말씀입니다. 그것은
나 편하자고 하는 일이지 소를 위한 일이 아니라는 것이지요.

그래도 하루에 한 번일지언정 소도 자유롭게 다닐 수 있어야 하지 않겠느냐는 것입니다. 그러나 내 보기에 말뚝에 묶어 놓거나 할배가 곁에 있거나 소가 움직이는 반경은 그만그만할 뿐입니다.

그래도 할배는 주인이 곁에 서 있는 것과 없는 것은 다르다고 하십니다.
말 못하는 짐승일지언정 주인이 곁에 있는 것을 좋아한다는 것이지요. 그 때문에 아무리 몸이 힘들어도 날마다 소를 데리고 나가신답니다.

혀를 장난스럽게 내밀며 두리번거리는 모습이 할배도 이제 좀 심심하신
모양입니다. 하지만 그렇다고 해서 이제 그만 가자며 소를 잡아끄는 법은 결코
없으십니다. 소가 제 볼일을 마칠 때까지 묵묵히 기다리기만 하십니다.

이윽고 소가 고개를 들었습니다. 딴 곳으로 가려나 마음 졸이며 바라보는데
아무래도 돌아올 것 같습니다. 그러나 소 또한 할배와 같아서 결코 서둘러 돌아오는
법이 없습니다. 길섶에 난 풀에 대해 온갖 참견을 다하며 올 테니까요.

하하, 소와 할배가 발맞추어 돌아옵니다. 벌써 한 시간 남짓이나 지났습니다.
할배는 소를 위해 소를 데리고 나간다고 하시지만 제 보기엔 그 시간이 할배에게는
하루 일을 정리하고 내일 일을 준비하시는 사색의 시간이지 싶었습니다.

오늘은 괭이삽 한 자루와 제가 쓸 것까지 낫 두어 자루가 할배 연장 전부입니다.
할배는 태어나서 탈곡기말고는 기계같이 생긴 것으로 농사를 지어 본 적이 단 한 번도
없다고 하셨습니다.

할배가 약나무를 하러 갈 때는 낫과 톱 그리고 도끼가 전부입니다.
거기에 괭이삽이나 호미와 같은 것들 몇을 더하면 할배는 못 하시는 일이 없으셨습니다.
농사짓는 데 필요한 것이 그리 많지 않다는 것이 놀랍기만 했습니다.

할배에게 가장 귀중한 연장은 소도 아니고 낫도 아니고 바로 자신의 몸뚱이와
지혜일 것입니다. 그 중에서도 여든 해 농사로 터득하신 지혜야말로 그 누구도 가지지
못한, 할배에게 더 없이 소중한 연장일 것입니다.

할배가 중절모까지 쓰고 옷을 빼 입으셨습니다. 오늘은 정미소에 가는 날입니다.
그러나 저에게는 초죽음의 날이었습니다. 나락 마대 마흔세 개를 전부 트럭에 싣고, 또 내리고,
정미소에서 찧은 쌀을 집 안으로 옮겨야 했으니까요.

정미소에 다다라 나락 마대를 내리는데 할배는 거들떠보지도 않으셨습니다. 다만
다 내렸다고 하니 한 번 둘러보며 마대 자루를 세어 보기만 하셨습니다. 할배가 힘드냐고 한 번
묻자마자 기다렸다는 듯이 "아이고, 할배요. 사람 잡심니데이" 하는 말이 절로 나왔습니다.

쌀을 다 찧을 때까지 할배는 정미소 안에 들어가 보지도 않고 저를 찾지도
않으셨습니다. 정미소 근처를 오가며 먼 산을 보거나 사색에 젖으셨을 뿐입니다.
참 별일이었습니다. 왜 그렇게 하셨는지 저는 아직도 모릅니다.

쌀 포대를 집 안으로 다 옮겨 놓고 할배에게 떼를 썼습니다. 저도 많이 거들었으니 쌀 한 말은 받아야겠다고 말입니다. 농이었지만 할배는 난감해하더니 갑자기 마당 한쪽에서 호박 하나를 들고 오십니다. "이거마 안 되겠나" 하시면서 말입니다.

호박 하나로 누구 코에 붙이느냐고 다시 떼를 쓰니 하나를 더 따 오십니다.
사실 새경이랍시고 받을 생각은 추호도 없었습니다. 그런데도 짐짓 모자란다고 했더니
호박 두 개에 미나리까지 한 보따리 보태 주십니다. 어디에서 이런 사랑 받겠습니까.

할배는 부쩍 말수가 줄으셨습니다. 일 주일 만에 찾아든 할배 집 마당에 흩어져 있던
하얀 국화 송이와 언덕 위에 부풀어오른 봉분을 보는 순간 저도 말을 잃어버렸습니다. 하지만
할배 손가락에서 사랑을 보았으니 잃는 것이 있으면 반드시 얻는 것이 있는 것이 인생입니다.

"니가 우얀 일이고, 밤에 왔디나. 집은 다 핀나 우야노." 달 반쯤 지나 다시 찾았건만
할배는 여전하십니다. 반기는 인사도 똑같고 잠시도 몸을 놀리지 않고 일하시는 것도 같습니다.
오늘은 약나무를 하시는 모양입니다.

바람도 쌀쌀한데 할배는 또 내복 위에 양복 윗도리를 입으셨습니다. "올 니 사진 찍으로 오는 줄 알았다 아이가. 아직 밥 묵고 나이 가다마이가 입고 싶더라카이" 하면서 농을 건네는 모습도 전과 똑같으십니다.

가실이 끝나고 얼음이 얼 때까지 할배는 줄곧 이 자리를 떠나지 않으셨습니다.
볕이 잘 드는 양지뜸이어서 그렇다고 했지만 아무래도 제 생각은 할매가 그리워서
곁에 계시는 것이지 싶었습니다.

할배 곁에 머물면서 일을 거드는 것이 무엇인지에 대해 생각을 아끼지 않았습니다. 제가 내린 결론은 할배가 스스로 도움을 청하시기 전에 나서서 당신의 일을 제가 하지 않는 것이었습니다. 자칫, 일을 빼앗는 것일 수도 있기 때문입니다.

끌다시피 천막을 가져와 나무를 덮어 놓고 내친 김에 할매 산소로 오르십니다.
큼지막한 할매 산소 옆에 작은 봉분을 가리키며 물으십니다. "니 이기 뭔지 아나" 하고 말입니다.
차마 말씀 드리지 못하자 할배가 말씀하십니다. "이기 내 집 아이가. 죽으마 갈 집이라."

연장을 챙겨 들고 집으로 돌아가시는 할배 뒷모습이 쓸쓸해 보입니다.
당신이 돌아가야 할 집을 미리 마련해 놓고 날마다 그것을 보고 살아야 한다는 것은 도대체 어떤 것일까요. 아무리 생각해 봐도 거기까지는 생각이 가 닿지 못합니다.

할배는 아직 요강을 사용하십니다. 그렇다고 웃을 일 아닙니다. 잠자리에
일찍 들고 해가 밝기도 전에 눈을 뜨지만 그래도 그 사이에 볼일이 있을 테지요.
더구나 칠흑같이 깜깜한 밤에 요강만큼 요긴한 것이 또 있겠습니까.

오늘도 약나무를 합니다. 수입이 얼마나 되는지는 몰라도 부지런히 나무를 자르고 쪼개서 읍내 한약방에 갖다 주십니다. 할배 말로는 돈이 된다고 하시지만 아무래도 제가 보기엔 노동 대비 수입은 형편 없는 것 같았습니다.

할배는 또 지게를 가져오지 않으셨습니다. 나무를 다 쪼갠 뒤에 지게를 가지러 갔다오십니다. 왜 그렇게 해야 하는지 모르지만 할배는 한결같습니다. 나중에 할배에게 여쭸더니, 그래야 몸을 조금이라도 더 움직이게 되지 않느냐고 반문하십니다.

빈 지게를 지고 오던 할배가 갑자기 지게를 벗으십니다. 할매 산소가 바로 곁에 있었기 때문입니다. 산소 앞으로 가서 상석을 붙들고 아무 말이 없으십니다. 그러나 저는 할배의 침묵의 언어를 믿습니다.

나머지는 남겨두고 마대 하나만을 지고 내려가십니다. 온통 나무가 들었으니
그 무게 또한 만만치 않지만 할배에게는 가뿐합니다. 그리고 언제나 그랬듯이
결코 지게를 저에게 넘겨주지 않으십니다. 참, 별일입니다.

오늘도 소와 함께 나가려나 했더니 이제는 나가지 않으신답니다. 서리 내린 풀밭은
바싹 말라서 더는 싱싱한 풀이 없기 때문입니다. 오히려 "요새는 풀보다 이기 더 낫다"며
농사지은 나락의 볏단을 던져 주고는 그만이십니다.

겨울이 지나고 봄이 왔습니다. 가지에 난 새순이 마치 꽃처럼 아름답던 날, 할배에게로 갔습니다. 마침 그 날이 고추 심는 날이었습니다. 점심 먹고 다시 고추밭으로 가시는 할배의 모습이 꽃보다 아름다웠습니다.

할배는 늘 고민이십니다. 고추 한 주를 심고 나면 그것을 어떻게 묶어야
할지 말입니다. 고추대의 간격은 앞뒤가 맞는지 서로 견주어 보고 나서야 고추대에
튼튼하게 묶어 놓고 다음으로 넘어가곤 하십니다.

요즈음은 강원도 산골에 가더라도 고추 심는 기계를 사용하는데 할배는 부삽도 없이
그저 맨손입니다. 그렇게 오백 주를 심으신답니다. 거들려고 해도 심는 기술이 없어서 안 되니
거추장스럽게 굴지 말고 저쪽에 가서 놀다 오라고 하십니다.

그래도 심어 보겠다고 떼를 쓰니 심는 거는 놔 두고 이미 심어 놓은 것들에게
물이나 한 바가지씩 듬뿍 주라고 하십니다. 봄가뭄이 심해 여태까지 기다리다가
때를 놓칠 것 같아 서두르는 것이니 물이나 제대로 잘 주라고 하십니다.

그러면서 할배가 비 오는 것과 물 주는 것과 서로 땅이 젖는 것의 차이에 대해 말해 주십니다. 농사에는 아무래도 비가 와야 한다는 것입니다. 팔십 년 농사를 지은 할배의 입에서 그 차이를 두고 "희한타카이" 하는 걸 보면, 자연은 끝내 이해하지 못하는 힘을 지닌 것이 맞습니다.

으~~허~~~
이 사시절에 꽃 피고 잎은 좋은 봄아, 어~~~
이팔청춘~~에 좋은 봄아

에~~~으
이팔청춘 꽃아, 꽃아, 설워 마라

에이~~~
명년 춘삼월이마 꽃아, 꽃아, 돌아오지마는
우리 인생은~~ 한 번 가마 언제 오나

에~~~, 어이~~~
이~~허
에~~~ 으~~~

짝을 지어~~~
놀건마는 나는 이로이로 혼차 있나

젊어 놀아 늙어지믄 못 노니라
이팔청춘 소년들아 백발 보고 웃지 마라
나도, 나도 청춘이더니 허연 백두白頭가 되었구나
꽃아, 꽃아, 설워 마라

인생 나는 한번 가믄 언제 오나
꽃아, 꽃아, 설워 마라
명년 춘삼월이믄 돌아온다

무정 세월은 년년이 오지마는
에이 이 내 인생은 한번 가마 언제 오나.

모종 심는 일이 끝나자 할배는 어김없이 할매에게로 가십니다.
그러나 단 한 차례도 그 곳으로 간다고 말하지 않으십니다. 근처 어디를 둘러보는 것처럼 그렇게 가시고는 할 뿐입니다.

못내 아쉬운 것인지, 문득 가던 길 멈추고 돌아보시는 곳은
할매 계신 곳입니다. 그것도 한껏 머물고 내려오시는 길에 말입니다.

"할배요, 이기 뭔 냄샌기요?" "뭐……, 어데서 무신 냄새가 나나."
"할배가 지나가고 나이 뭔 꽃냄새 같은기 확 나는데……."

봄산에 찔레꽃이 가득하고 그윽한 향기 또한 넘쳐났습니다.
제 마음에는 그 향기가 마치 할배에게서 풍겨나는 것 같았습니다.
사람의 향기, 참 오랫만에 맡아 보는 것이었습니다.

"할배요, 그 쫌 가마이 있어 보소."
"어데, 여게."
"예."

봄이 지나 다시 찾은 할배를 논에서 만났습니다. 칠월 땡볕에 피를 뽑고
논두렁에 웃자란 풀을 베어 내고 계셨습니다. "할배요" 하고 부르자 벌떡 일어난
할배가 "그래 이 덥은데 우예 또 왔노" 하며 무뚝뚝하게 반기십니다.

날이 시퍼렇게 선 할배 낫은 이 빠진 곳도 하나 없습니다. 저도 풀을 베겠다고 하니 낫을 갈아 주십니다. 숫돌 위를 몇 차례 오갔을 뿐인데 할배 낫에 못지않은 근사한 낫이 되었습니다. 그러나 가실 이후 처음 잡는 낫이 어색하기만 합니다.

개망초꽃이 할배 앞에서 하늘거립니다. 아무리 지천으로 흔하게 피었을지라도
꽃은 아름다운 법입니다. 그러나 저에게는 할배가 분명 꽃보다 더 아름답습니다.
지식과 지혜의 차이가 무엇인지 몸소 보여 주신 분이기 때문입니다.

낫을 갈며 그 동안의 안부를 묻고는 망설일 것 없이 하던 일을 계속하십니다.
일을 하던 자리로 간 할배는 '퉤' 하고 손에 침을 뱉으며 낫자루를 움켜쥐십니다.
그 날 논두렁에 웃자란 풀들은 할배의 낫에 남김없이 잘려 나갔습니다.

소에 대한 할배의 사랑은 끝이 없습니다. 집에 혼자 놔 두면 심심할 것이라며 소풍 삼아
논으로 데리고 가던 할배가 갑자기 걸음을 멈추더니 소한테 살금살금 걸어가기 시작하십니다.
그러나 소는 아무 일 없다는 듯이 풀만 뜯고 있습니다.

할배의 눈이 황소 눈만하게 커지고 놀란 입을 다물지 못하더니 더욱 조심스러워지십니다. 십 미터나 뒤에서 바라보는 저마저도 긴장할 지경입니다. 할배는 더욱 조심조심 소에게로 다가가시고 저는 도대체 무슨 영문인지 알 수가 없습니다.

소에게 가까이 다가간 할배는 이내 낫을 치켜드십니다. 그러고는 사정없이
소 등짝을 향해 내려치십니다. 설마 할배가 소를 잡을 리 만무하지만 할배가 워낙 신중하니
멀리서 물어 볼 수도 없는 일입니다.

일이 끝난 것 같아 다가가니 할배가 천진난만하게 웃으십니다.
보여 주는 낫에 당신이 잡으셨다는 쇠파리가 붙어 있습니다.
"임마들이 징그러븐 놈들이라, 뇌 뚜마 종일 피를 빨아 무이 소가 전디나 어데."

할배 덕에 쇠파리까지 떼어 낸 소는 풀밭으로, 꽃밭으로 제 마음대로 유람중입니다.
할배의 그런 사랑이 사람이나 짐승을 가리지 않으시는 것이 고마웠습니다. 그리고 제가 그런
할배를 만날 수 있었던 것은 더더욱 감사한 일이었습니다.

할배가 딴 곳을 쳐다보며 뭐라고 하십니다. "니 올 꼭 올라가야 되나" 하고 말입니다.
처음엔 소에게 하는 말인 줄 알았을 뿐 저에게 하시는 말인 줄 몰랐습니다. 뒤늦게 "예"라고
대답하자 "그래……" 하며 저에게로 다가오십니다.

"올 비가 마이 온다카던데, 그라마 밤에 추풍령 넘어갈 수 있나." "예, 갈 수 있심더." "그래······."
아직 이른 아침인데 할배는 벌써 저녁 일을 들먹이십니다. "하, 그 추풍령 위험테이" 하며 엄포까지
보태시면서 말입니다.

"밤에 그래 가마 몇 시간이나 걸리노." "너댓 시간 안 걸리겠십니꺼."
"그라마 안 된다, 종일 이래 일하고 밤에 그래 가는 기 가당키나 하나 어데" 그토록 다녀도
생전 밤길 걱정 안 해 주시더니 오늘따라 유난하십니다.

"그래도 조심조심해가 가야지예." "그래……." 할배의 여운이 긴
"그래"라는 대답은 말문이 막혔거나 할 말이 갑자기 생각이 나지 않을 때 또는
당신과 상반된 의견을 내놓을 때 주로 보이시는 반응입니다. 아마도 이번에는
설득력 있는 말을 찾지 못하신 것 같습니다.

아니나다를까, 대답을 찾지 못한 할배가 잠시 머뭇거리더니 "저 하늘 함 봐라, 올 비 마이 오겠데이……" 하며 좀 전에 했던 말을 다시 꺼내 드십니다. 비장의 카드인 셈이지요. 그 때부터 생각하기 시작했습니다. 할배가 왜 저러실까 하고 말입니다.

할배는 하늘이 점점 어두워진다며 제게 자꾸 비가 많이 올 것이라는 것에 동의를 하라고 암묵적으로 강요를 하십니다. 그렇지만 저도 끝내 모른 체하였습니다. "이만한 비에 차가 떠내려가겠십니꺼" 하며 말입니다.

"그래……." 할배가 고개를 숙이십니다. 기어코 제가 오늘 밤에 떠나고 말 것이라는 것을 짐작이라도 한 듯이 말입니다. 그러고는 더는 하늘 이야기는 하지 않으십니다. 사실은 하늘이 그리 어둡지 않았으니까요.

할배가 갑자기 가던 길 멈추고 휙 돌아서십니다. 이젠 관심을 저에게서
소에게로 돌리신 모양입니다. 말을 들어 먹지도 않는 고약한 저를 제치신 것이지요.
이 때부터 할배는 결코 오늘 하루 더 자고 가라는 말은 하지 않으셨습니다.

결국 할배는 제가 하루 더 자고 가면 싶었지만 경상도 사나이 자존심이 있지
차마 그 말은 하지 못하셨던 것입니다. 비가 쏟아진다는 엄포를 놓았지만 고약하게도
제가 말을 듣지 않으니 섭섭하셨던 것이겠지요.

그러고는 당신 뜻대로 되지 않자 다시 저를 붙잡을 궁리를 하느라
말을 그치고 생각에 젖으셨습니다. 한참을 걷다가 할배가 입을 떼십니다.
"저녁에 가마 몇 시에 갈 끼고." "저녁 묵고 그래 가지요 뭐." "그래……."

그 날 제가 하루 더 자고 가겠다고 말한 것은 저녁을 먹고 난 뒤였습니다.
마침 늦은 오후부터 가랑비가 내리기 시작했고 저도 그 비를 핑계삼았습니다.
그리고 그 날이 할배와 잠을 잔 마지막 밤이었습니다.

이 장면이 마지막이었습니다. 그 뒤 몇 년 동안 저는 할배를 찾지 않았고,
다시 작은동에 갔을 때에는 늘 "저기 내 집이라" 하고 가리키시던 봉분이 커져
있었습니다. 할배가 늘 그랬듯이 저도 덤덤했습니다.

뭐라,
내한테서
찔레꽃
냄새가
난다꼬